Viktoria Wloka

Der Gründungsprozess eines abenteuer- und erlebnispädagogischen Kindergartens

Bachelor + Master Publishing

Wloka, Viktoria: Der Gründungsprozess eines abenteuer- und erlebnispädagogischen Kindergartens, Hamburg, Bachelor + Master Publishing 2013

Originaltitel der Abschlussarbeit: Der Gründungsprozess eines abenteuer- und erlebnispädagogischen Kindergartens

Buch-ISBN: 978-3-95549-229-8
PDF-eBook-ISBN: 978-3-95549-729-3
Druck/Herstellung: Bachelor + Master Publishing, Hamburg, 2013
Zugl. Hochschule für angewandte Wissenschaft und Kunst
Hildesheim/Holzminden/Göttingen, Hildesheim, Deutschland, Bachelorarbeit, Juli 2012

Bibliografische Information der Deutschen Nationalbibliothek:
Die Deutsche Nationalbibliothek verzeichnet diese Publikation in der Deutschen Nationalbibliografie; detaillierte bibliografische Daten sind im Internet über http://dnb.d-nb.de abrufbar.

Das Werk einschließlich aller seiner Teile ist urheberrechtlich geschützt. Jede Verwertung außerhalb der Grenzen des Urheberrechtsgesetzes ist ohne Zustimmung des Verlages unzulässig und strafbar. Dies gilt insbesondere für Vervielfältigungen, Übersetzungen, Mikroverfilmungen und die Einspeicherung und Bearbeitung in elektronischen Systemen.

Die Wiedergabe von Gebrauchsnamen, Handelsnamen, Warenbezeichnungen usw. in diesem Werk berechtigt auch ohne besondere Kennzeichnung nicht zu der Annahme, dass solche Namen im Sinne der Warenzeichen- und Markenschutz-Gesetzgebung als frei zu betrachten wären und daher von jedermann benutzt werden dürften.

Die Informationen in diesem Werk wurden mit Sorgfalt erarbeitet. Dennoch können Fehler nicht vollständig ausgeschlossen werden und die Diplomica Verlag GmbH, die Autoren oder Übersetzer übernehmen keine juristische Verantwortung oder irgendeine Haftung für evtl. verbliebene fehlerhafte Angaben und deren Folgen.

Alle Rechte vorbehalten

© Bachelor + Master Publishing, Imprint der Diplomica Verlag GmbH
Hermannstal 119k, 22119 Hamburg
http://www.diplomica-verlag.de, Hamburg 2013
Printed in Germany

Inhaltsverzeichnis

1. Einleitung 1
2. Zusammenfassung (Executive Summary) 3
3. Unternehmerperson 4
4. Geschäftsidee und Unternehmensziele 6
5. Das Dienstleistungsangebot 10
   - 5.1 Die Entwicklung der Dienstleistung 11
   - 5.2 Der Dienstleistungserstellungsprozess 13
   - 5.3 Kundenvorteile und Kundennutzen 16
6. Organisation und Rechtsform 19
7. Branche und Markt 21
   - 7.1 Analysen der Branche und des Gesamtmarktes 22
   - 7.2 Marktsegmente und Zielgruppe 23
   - 7.3 Wettbewerb 24
8. Marketing, Absatz und Vertrieb 26
   - 8.1 Markteintrittsstrategie 27
   - 8.2 Absatzkonzept 28
   - 8.3 Absatzförderung 29
9. Team, Management und Personal 30
10. Stärken, Schwächen, Chancen und Risiken 32
11. Die Drei-Jahres-Planung 34
    - 11.1 Kapitalbedarfsplan 35
    - 11.2 Finanzplanung und Förderung 37
    - 11.3 Liquiditätsplan 38
12. Fazit und Ausblick 39
13. Literaturverzeichnis 41
14. Anhang 47

1. Einleitung

Der Bedarf an Kindergärten steigt aufgrund der zunehmenden Erwerbstätigkeit beider Elternteile in der Bundesrepublik Deutschland deutlich an. Die Politik reagiert mittlerweile auch aufgrund juristischer Zwänge adäquat darauf. Die Betreuungsquote in der Bundesrepublik Deutschland liegt derzeit im Durchschnitt bei 25,2 %. Mit 55,9 % führt Sachsen-Anhalt die Liste der Bundesländer an, Schlusslichter sind Niedersachsen mit 15,8 %, gefolgt von Nordrhein-Westfalen mit 14,0 % (vgl. Statistik Portal: http://www.-statistik-portal.de/statistik-portal/kita_regional.pdf, letzter Zugriff: 27.04.2012). Die Bundesregierung hat sich als Ziel gesetzt, bis zum Jahr 2013 in jedem Bundesland die 35 % Marke zu erreichen. Ein Fokus wird dabei offenbar auch auf die Gründung frühkindlicher Bildungs- und Erziehungseinrichtungen gelegt, um auf diese Weise der desolaten Betreuungssituation entgegen wirken zu können.

Die Trägerschaft für Kindergärten obliegt häufig der „Öffentlichen Hand" und den Kirchen. Die Errichtung von Betriebskindergärten (vgl. Krankenhausprojektgesellschaft Schaumburg mbH, http://www.klinikneubauschaumburg.de / krankenhausneubau/ueberuns.html, letzter Zugriff: 29.04.2012) und privat initiierter Einrichtungen (vgl. Waldkindergarten Bückeberg e.V., http: //www.waldkindergarten-bueckeberg.de/derwaldkindergarten/, letzter Zugriff: 29.04. 2012) ist im Aufwind inbegriffen. Auf dieser Basis könnte auch die Gründung eines abenteuer- und erlebnispädagogischen Kindergartens erfolgsversprechend verlaufen.

Hierfür muss auf der einen Seite den Ansprüchen der Kinder und Eltern genüge getan werden, auf der anderen Seite muss das Unternehmen aber auch wirtschaftlich rentabel arbeiten können.

Im Mittelpunkt des pädagogischen Konzeptes steht die Schaffung eines funktionalen Anregungsmilieus, auf dessen Grundlage die Kinder handlungsorientiertes Lernen erfahren. Dies setzt kostenintensives studiertes Fachpersonal (siehe Anhang A3, S 48 und A4 S. 49) und kostspielige Materialien für den erlebnispädagogischen Sektor voraus.

Es stellt sich die erkenntnisleitende Frage, inwieweit die ideellen pädagogischen Ansprüche der Konzeption und die hiermit einhergehenden materiellen Zwänge mit den ökonomischen Rahmenbedingungen am Markt korrelieren. Das gegebene Bedingungsgefüge aus pädagogischem Potenzial, der zu erbringenden Dienstleistungen und der betriebswirtschaftlichen Anforderungen wird im Hinblick auf seine Durchführung am realen Markt analysiert.

Zur Untersuchung der Frage bedarf es einer systematischen Vorgehensweise, die durch die intendierte Entwicklung eines Businessplanes für einen abenteuer- und erlebnispädagogischen Kindergarten zum Ausdruck gebracht wird. Der zu entwickelnde Businessplan hat den Ansprüchen, die von Investoren und Banken eingefordert werden, zu genügen. Hierfür ist eine eingehende Beschäftigung mit den Strukturen von und den Anforderungen an Businesspläne unumgänglich.

Im Kern geht es aber auch um die Frage der pädagogischen Bereicherung der Kindergartenlandschaft durch die ganzheitliche Unterstützung der Kinder in dieser Konzeption und den hiermit verbundenen Möglichkeiten zu einer „Cooperate Identity" des Unternehmens zu finden.

Es ist ausgesprochen zeitintensiv und erfordert eine detaillierte Planung, den Kindern intensive Sinneserfahrungen und selbstwirksame Erlebnisse zu ermöglichen. Die meisten herkömmlichen Kindergärten können aus organisatorischen Gründen diesen Ansprüchen nicht genügen. Ein Betreuungsschlüssel von zum Beispiel eins zu dreizehn trägt den Anforderungen nur teilweise Rechnung.

Die Konzeption eines abenteuer- und erlebnispädagogischen Kindergartens berücksichtigt diese Gegebenheiten und bietet auf der Basis fundierter, wissenschaftlicher Erkenntnisse Alternativen an.

Der Gründungsprozess erfordert neben diesem pädagogischen Duktus auch die Bearbeitung betriebswirtschaftlicher Elemente, die, untergliedert in Organisationsprinzipien, in ausführlicher Form dargelegt werden (vgl. Hebig, 2004, S. 105 f).

Am Schluss wird ein Fazit über die Praktikabilität und Wirtschaftlichkeit der Gründungsidee gezogen.

2. Zusammenfassung (Executive Summary)

Aufgrund der politisch avisierten Verbesserungen im Bereich der Betreuungsangebote für Kindergärten und einer zurzeit noch unbefriedigenden Mangelsituation in der Bundesrepublik Deutschland wird das Geschäftsmodell einer privatwirtschaftlichen sozialen Dienstleistung entwickelt und vorgestellt.

Hiermit wird auch für eine Umstrukturierung der Kindergartenlandschaft geworben. Durch die Verlagerung dieses Bereichs von der „Öffentlichen Hand" hin zum innovativen Privatunternehmen verspricht sich die Autorin erhebliche Verbesserungen. Der aufgestellte Businessplan belegt die sowohl finanzielle als auch pädagogische Rentabilität ihres Gründungsvorhabens.

Die Komponente einer sozialen (pädagogischen) Dienstleistung hält Einzug in den sonst mehr rein von wirtschaftlich relevanten Daten geprägten Businessplan.

Eine Vielzahl von Faktoren wird berücksichtigt und belegt zunächst einmal in einem Dreijahresplan, dass die Gründung im Hinblick auf ihre Wirtschaftlichkeit durchaus ein hohes Realisierungspotenzial aufweist, obwohl gerade die umzusetzenden pädagogischen Belange dieses Ansatzes mit erheblichen Investitionen verbunden sind. Auch der geplante Einsatz akademischen Fachpersonals ist dieser Tendenz zuträglich. Als Ergebnis des Planes kristallisiert sich eine nicht voraussetzungsfreie Standortwahl für die Einrichtung heraus. Hier müssen wesentliche Faktoren beachtet werden. Sowohl die Ergebnisse des Kapitalbedarfsplans als auch des Liquiditätsplans sprechen der Autorin Mut und Zuversicht für die Neugründung zu.

3. Unternehmerperson

Zum Zeitpunkt der zukünftigen Gründung des abenteuer- und erlebnispädagogischen Kindergartens wird die Autorin (baldige Gründerin) folgendes Qualifikationsprofil aufweisen:

Nach einem abgeschlossenen Bachelor-Studiengang "Bildung und Erziehung im Kindesalter" an der HAWK Hildesheim, der im Sommersemester 2012 erfolgreich absolviert ist, wird sich ein Masterstudiengang im Fachbereich „Abenteuer- und Erlebnispädagogik" an der Phillips-Universität in Marburg anschließen. Danach können erweiterte fach- und erziehungswissenschaftliche Kenntnisse, Qualifikationen im Bereich der Vermittlung bedeutsamer Bewegungspraktiken sowie Kenntnisse über sowohl theoretische als auch praktische Methoden mit Bezügen zu handlungsorientiertem Lernen nachgewiesen werden.

Die zukünftig vorhandenen akademischen und wissenschaftlichen Kompetenzen der Gründerin stellen eine bedeutende Voraussetzung für die nachhaltige Unterstützung der Entwicklung der Kinder innerhalb ihrer innovativen Konzeption dar (vgl. Merk, 1997, S. 13). Aus tiefer Überzeugung ist sie der Ansicht, dass sich auch in der heutigen Zeit ihr an die Rahmenbedingungen der Gesellschaft angepasstes Konzept mit Blick auf „glückliche Kinder und arbeitszufriedenes Personal" am Markt realisieren lässt.

Durch ihr Bachelorstudium verfügt sie über kaufmännische Fähigkeiten in den Bereichen Betriebswirtschaftslehre, Existenzgründung, Buchhaltung, Rechnungswesen, Management und Personalführung. Die Voraussetzungen für eine erfolgreiche Umsetzung der Idee in die Praxis werden damit erfüllt sein (vgl. Hebig, 2004, S.42). Sie hat die Sozialpädagogik in nahezu all ihren Facetten kennen und umsetzen gelernt (vgl. Opoczynski, 2006, S. 29 ff.).

Durch zahlreiche Fortbildungen auf dem Gebiet der Erlebnispädagogik (beispielsweise *„Adventure based counseling: Lernen im Abenteuer – Lernen aus Erfahrung"* beim BSJ in Marburg), sportliche Qualifikationen in den Bereichen: Segeln, Klettern, Wandern, Kanufahren, Bogenschießen, Floßbau, Sichern, Abseilen und als ERCA (European Ropes Course Association) zertifizierte Trainerin im Bereich der temporären Seilbauten, hat sie parallel zu ihrem Bachelorstudium in Hildesheim ihr Methodenrepertoire maßgeblich erweitert.

Während ihres Bachelorstudiums erwarb sie tiefgreifende theoretische und praktische Kenntnisse im Bereich der frühkindlichen Bildung, so dass bezogen auf ein nachweisbares Qualitätsprofil hier bereits wesentliche Voraussetzungen, die an NeugründerInnen zu stellen sind, erfüllt werden.

In Ermangelung ganzheitlicher Kindergartenkonzepte, die allseits Akzeptanz finden, ist anzunehmen, dass ihr Gründungsvorhaben auf Resonanz bei Eltern und Kindern treffen wird. Hier sei nicht in Abrede gestellt, dass auch bereits bestehende Konzeptionen durchaus ihre Berechtigung finden. Die Positiva der bereits am Markt etablierten Einrichtungen werden in der Planung dieser Arbeit berücksichtigt und erweitert. Erlebnispädagogische Perspektiven und Handlungsoptionen bieten hier zeitgemäße Möglichkeiten zur Optimierung. Sie bilden den Rahmen für den Entwurf eines neuen und zeitgemäßen Kindergartens (vgl. Scheibe-Jaeger, 1999, S. 100 ff.). Die Autorin (zukünftige Leiterin des Unternehmens) wird sich in sehr vielseitigen Aufgabenfeldern in das Konzept einbringen, von denen exemplarisch genannt seien:

- Fachliche und persönliche Führung der MitarbeiterInnen unter Berücksichtigung besonderer Aufgaben (Einstellungsgespräche, Förderung der fachlichen Kompetenzen, Fort- und Weiterbildungen)
- Beratende Tätigkeiten (Elternarbeit, Hilfen zur Erziehung, Elternabende, Entwicklungsgespräche)
- Haushaltsplanmäßige Aufgaben (Kostenkalkulation, Absatzförderung, Wareneinkauf, Erweiterung der Materialiensammlung)
- Außendarstellung und Öffentlichkeitsarbeit (public relation, cooperate design und image, Websitebetreuung, Organisation von „Offenen Tür" Tagen, Pflege der erstellten Printmedien)

Im Hinblick auf eine erfolgreiche Umsetzung der Konzeption sieht die Autorin hinsichtlich ihrer Person Optimierungsmöglichkeiten in der Akzeptanz von Gegebenheiten, die nicht ad hoc veränderbar sind. Der erfolgreiche Umgang mit bürokratischen Instanzen setzt manchmal einen „langen Atem" voraus.

Die kreative Ungeduld der Autorin birgt aber andererseits auch positive Aspekte für die Entwicklung fortschrittlicher Ideen, das Aufrechthalten von Motivation und die effektive Umsetzung von Planungen.

4. Geschäftsidee und Unternehmensziele

Auf der Agenda steht vorbehaltlich betriebswirtschaftlicher Abwägungen die Gründung eines abenteuer- und erlebnispädagogischen Kindergartens (siehe Anhang A5, S. 51) mit 40 Betreuungsplätzen, die in zwei altersdifferenzierte Gruppen mit Drei- bis Vierjährigen und Fünf- bis Sechsjährigen unterteilt sind. Die gesetzliche Grundlage des Vorhabens basiert auf den Paragraphen § 22 SGB VII und § 45 SGB VII, in denen die Betreuung für Kinder im Alter von drei Jahren bis zum Eintritt in die Schuleingangsphase geregelt wird (vgl. Stascheit, 2009, S. 1184- 1192 und siehe Anhang G1, S. 70). Das Gründungsvorhaben entspricht allen gesetzlichen Vorgaben und insbesondere auch den speziellen Rahmenbedingungen, die durch die Ausführungen im Kinder- und Jugendhilfegesetzbuch eingefordert werden. Die Verordnungen des achten Sozialgesetzbuches werden ebenfalls erfüllt. Der Kindergarten wird als Einzelunternehmen geführt und erhält dadurch eine gültige Rechtsform, die im sechsten Kapitel dieser Arbeit noch näher erläutert wird.

Die Unternehmensvision basiert auf der fundamentalen Annahme, dass sich in einem Kindergarten, mit dem Fokus auf handlungsorientiertem Lernen in sport- und bewegungspädagogischer Ausprägung, ein Potenzial für eine ganzheitliche Entwicklung der jüngsten Generation entfalten kann (vgl. Schott, 2009, S. 249 ff und siehe Anhang E1, S.58). Anspruchsvolle Aufgaben erfordern kompetentes Fachpersonal. Es muss daher einer Jungunternehmerin gestattet sein, die Vision der Entwicklung einer Konzeption zu hegen, mit der eine adäquate Besoldung qualifizierten Fachpersonals auch im sozialen Dienstleistungsbereich sichergestellt werden kann (vgl. Köppel, 2009, S. 75 f).

Als langfristiges Unternehmensziel gilt die kontinuierliche Weiterentwicklung der pädagogischen Arbeit in der Praxis (vgl. Lienert / Sägesser / Spiess, 2010, S. 31).

Im Rahmen der Personalführung und des Management des Kindergartenbetriebes wird eine Vorbildfunktion angestrebt (vgl. Pepels, 1999, S. 182 ff). Die wirtschaftlichen Vorzüge dieser Geschäftsidee gehen konform mit den bildungspolitischen Ansprüchen (siehe Anhang E2, S.61). Die Gründungsidee basiert auf vier erfolgsversprechenden Säulen, die im Folgenden erläutert werden.

Die erste tragende Säule ist durch die innovativ kleine Gruppengröße gegeben, die unter der in Deutschland praktizierten Norm liegt und der altersdifferenzierten Gruppenbildung. Homogene Alterszusammenführungen haben sich auch schon in Frankreich, Italien, Griechenland, Irland, Japan, China, Amerika und in Großbritannien bewährt.

> *„Da die Kinder in altershomogenen Gruppen gleich alt sind, haben sie einerseits ähnliche Bedürfnisse, Interessen, Kompetenzen, Entwicklungsbedarfe und (vorsprachliche) Verständigungsformen. Diese Ähnlichkeiten erleichtern das Eingehen von Beziehungen, das miteinander Spielen und das gemeinsame Lernen."* (Textor, 2009, http://www.kindergartenpaedagogik.de/2184.html, letzter Zugriff: 27.04.2012)

Der zweite Erfolgsfaktor gründet auf der Einstellung ausschließlich studierten Fachpersonals aus dem Bereich der Sozialpädagogik mit einem akademischen Hochschulabschluss. Die pädagogische Qualität im Bereich der Kindheitspädagogik erfährt auf diese Weise eine Aufwertung (vgl. Dittrich / Grenner / Groot-Wilken / Sommerfeld / Viernickel, 2004, S. 10 ff). Neben der hochqualifizierten Berufsausbildung fließt auch die Geschlechterrolle der BetreuerInnen in das Konzept ein: Die Betreuung der beiden Gruppen wird durch die Kooperation eines geschlechtsheterogenen Paares sichergestellt. Frau und Mann sind in diesem Team gleichberechtigt. Sie unterstützen sich gegenseitig und lassen ihre geschlechtsspezifischen Fertig- und Fähigkeiten in die Arbeit einfließen. Dieses scheinbar wenig bedeutsame aber nicht zu unterschätzende Faktum birgt wissenschaftlich belegbare Vorteile und ist nur selten in die Praxis umgesetzt. Das „Buddy-Prinzip" (vgl. http://www.montessori-hauptschule.de/soziales/buddy-prinzip, letzter Zugriff: 30.05.2012) hat sich auch in vielen anderen Bereichen schon bewährt. Die Graphiken des Forschungsprojektes der Katholischen Hochschule Berlin belegen die Notwendigkeit für eine Erhöhung männlichen Fachpersonals in Kindergärten (siehe Anhang A6, S. 52). Den wissenschaftlichen Erkenntnissen zufolge, benötigt ein Kind im Rahmen einer ganzheitlichen Bildung und Erziehung den Kontakt zu beiden Geschlechtern. Dies ist nicht nur zur Festigung der eigenen Identität dringend erforderlich, sondern auch im Hinblick auf die Etablierung zwischenmenschlicher Bezüge zu beiden Geschlechtern (vgl. Bundesministerium für Familie, Senioren, Frauen und Jugend, Männer in Kindergärten, Zugriff vom 27.04.2012, S. 60 fff).

> *„Das Kind versteht, dass es einen Namen hat, es lernt sich selbst mit „Ich" zu bezeichnen, es erlebt das Ich als Zentrum seines Wollens. Es lernt, dass ihm selbst bestimmte Eigenschaften und Leistungen zugehören und es begreift schließlich, dass es ein Geschlecht hat."* (Bischof-Köhler, 2006, S. 69 f)

Die dritte Säule des Erfolges nimmt die systemimmanenten Faktoren der Probleme des Übergangs vom Kindergarten in die Grundschule auf, wie z.B. Erziehungsberatung, Kooperation mit der Grundschule, Einführung in den Schulalltag, Frühförderung und Prävention. Die Konzeption des abenteuer- und erlebnispädagogischen Kindergartens ist wie keine andere in der Lage, Bezüge zu den in der Grundschule auftretenden Anforderungen herzustellen. In Jahresprojektprogrammen (siehe Anhang A2, S. 46) und in auf die Kinder zugeschnittenen Interessensgemeinschaften (siehe Anhang A1, S. 45) entwickeln sie sich zu resilienten und eigenständigen Individuen. Durch erlebnispädagogische Bewegungspraktiken (Niedrigseilgarten, Segeln, Wanderungen, Expeditionen, Sinneserlebnisse u.v.m.) erfahren sie in Kleingruppen das Zusammenspiel unterschiedlicher Bereiche in der Art, wie sie im Orientierungsplan des Landes Niedersachsen festgelegt sind.

Die vierte und letzte Säule beinhaltet die Subsummierung erlebnispädagogischer Methoden. Das handlungsorientierte und an der Realität orientierte Methodenfeld bietet im Bereich der elementaren Erfahrungen ein breites Spektrum. Den Bewegungsaspekten wird auch administrativ eine hohe Bedeutung zuerkannt (vgl. Niedersächsisches Kultusministerium, Lernen braucht Bewegung, Zugriff vom 27.04.2012).
Der didaktische Schwerpunkt der Konzeption liegt in den Bereichen der Ökologie und des Sozialen Lernens. Erlebnisse werden in der freien Natur angebahnt und gruppendynamische Prozesse führen zur interaktiven Kompetenzerweiterung (vgl. Michl, 2009, S. 38).

> *„Draußen in der Natur zu lernen ist aus mehreren Gründen effizient. Zum einen führt diese Lernumgebung dazu, dass Statusunterschiede ausgeglichen werden – der Alltag gerät in Vergessenheit, die Masken fallen. Zweitens können Ursache und Wirkung des Handelns direkt erlebt und als Lernanlass genutzt werden. Drittens spielen Emotionen und die Kommunikation eine große Rolle. Viertens vermitteln Erlebnisse in der Natur nachhaltige Eindrücke, die neben der Erziehung auch eine Art Prägung darstellen."* (ebd.)

Wenn auch die ökonomischen Faktoren nicht dominant sind, so leisten sie doch für ein privates Dienstleistungsunternehmen einen Beitrag zum Gelingen, denn ohne rentable Einnahmen lässt sich das Unternehmen auf diesem hohen Anspruchsniveau nicht führen.

Grundlegende Rahmenbedingungen und gesetzliche Vorschriften für die Eröffnung dieses Kindergartenbetriebes sind äquivalent zu denen anderer Einrichtungen. Additiv ist die Verwendung von Materialien und Gerätschaften aus dem erlebnispädagogischen Sektor zu nennen, die für die Arbeit mit und am Kind von besonderer Wichtigkeit sind. Die Innovation der Geschäftsidee bezieht sich auf die erlebnispädagogische Konzeption, die Personalführungsperspektiven und die Umstrukturierung der Prozesse in Bezug auf die neuen Erkenntnisse aus dem Bereich der frühkindlichen Bildung, die ausgehend von der Theorie deduktiv in die Praxis übertragen werden. Der zeitliche Ablauf der Gründungsaktivitäten wird durch ein Schaubild im Anhang verdeutlicht (siehe Anhang G2, S. 71).

5. Das Dienstleistungsangebot

Das für die Kinder voraussetzungsfreie Dienstleistungsangebot richtet sich zunächst einmal direkt an Kinder zwischen drei und sechs Jahren mit Bewegungsdrang und insbesondere auch an Kinder mit einem diagnostizierten Aufmerksamkeitsdefizit Hyperaktivitätssyndrom, kurz ADHS (vgl. Gumpold, 2010, S.26 f). Eltern und Familienangehörige werden im Rahmen ihrer Möglichkeiten weitgehend an der Entwicklung ihrer Kinder beteiligt.

Für pädagogische Fachkräfte eröffnet sich mit diesem Angebot ein lukratives Betätigungsfeld, in dem ihr Qualifikationsstatus auch hinreichend Berücksichtigung findet.

Das lokal bedingte kulturelle Umfeld wird ebenfalls in die Aktivitäten, die mit den Kindern praktiziert werden, einbezogen. So können sie Identifikationsmuster zu ihrem Wohnumfeld ausbilden.

Für Gemeinden und Städte (hier: die Stadt Hildesheim) ist das Gründungsvorhaben sicherlich auch von Interesse, zumal der Ausbau von Kinderbetreuungseinrichtungen immer wieder als politisches Ziel genannt wird.

Für Familien mit Kindern gilt es einen Betreuungsplatz zu schaffen, mit dem sich alle Beteiligten identifizieren können. Es ist daher bedeutsam, dass sich die Eltern verstanden fühlen und die Kinder sicher und fürsorglich betreut wissen.

Bei den pädagogischen Fachkräften spielt die berufliche Kariere eine große Rolle. Die eingestellten BetreuerInnen erhalten die Möglichkeit, eine Vollzeitstelle zu besetzen, in der sie ihrer Ausbildung entsprechend entlohnt werden.

Durch das Gründungsvorhaben wird den erklärten politischen Zielen entsprochen. Daher ist davon auszugehen, dass sich auch Investoren aus dem Bereich der „Öffentlichen Hand" finden lassen (vgl. Knauf, 2009, S.11).

Um alle Vorteile für die Zielgruppen optimal verwirklichen zu können, verlangt dieser Gründungsprozess eine systematisch strukturierte Planung und Umsetzung. Eine Zusammenarbeit auf allen einbezogenen Ebenen ist hierfür unabdingbar.

Speziell erlebnispädagogische Aspekte wie ein Niedrig- und Hochseilgarten verheißen den Kindern Nutzungsangebote der besonderen Art. (siehe Anhang E3, S. 62), die sonst nirgendwo in adäquaten Einrichtungen zu finden sind. Durch ein Sharing dieser besonderen Ausstattungen mit beispielsweise erlebnispädagogischen Freiberuflern, Schulen oder Ähnlichem könnte eine weitere Einnahmequelle entstehen.

Um dem hohen bewegungsintensiven Anspruch der Konzeption entsprechen zu können, bieten sich Partnerschaften zu regionalen Vereinen und Institutionen wie z.B. mit der HAWK Hildesheim an. Vernetzungen mit Segelschulen, mit der Deutschen Lebensrettungsgesellschaft, mit der in Hildesheim ansässigen Cluster Sozialagentur oder mit ansässigen Försterinnen oder Förstern lägen im Bereich der Möglichkeiten.

5.1 Die Entwicklung der Dienstleistung

Das theoretische Konzept des abenteuer- und erlebnispädagogischen Kindergartens ist auf breiter Basis ausgereift. Der Einführung am Markt steht nichts mehr entgegen. Pädagogisch gesehen hält das Konzept Freiräume vor, die als Garant für eine in der Praxis notwendige Flexibilität stehen. Innovativen, neuen Ideen werden somit auch zukünftig gute Realisierungschancen eingeräumt. Ein Einfrieren des Status quo und ein hiermit verbundener Stillstand in der Weiterentwicklung wird vermieden (vgl. Ossola-Haring, 2001, S. 22 ff).

Ein erfolgreicher Gründungsprozess setzt eine effektive Umsetzung des Konzeptes in die Praxis voraus. Hierzu zählen:

> ➤ Die Planung des Standortes mit konkreter Standortanalyse bezogen auf die zukünftige Klientel (vgl. Ossola-Haring, 2001, S. 89).
>
> ➤ Das Auffinden einer Immobilie, die die Vorgaben des Gesetzgebers bautechnisch und logistisch bereits weitgehend erfüllt, damit den Verordnungen über die Mindeststandards an Kindertageseinrichtungen (1. und 2. DVO-KiTaG) so weit wie möglich bereits im Vorfeld entsprochen werden kann.
>
> ➤ Eine Analyse von standortnahen Konkurrenten und deren Angebot, um eine einschränkende Konkurrenz von vornherein ausschließen zu können (vgl. Wall, 2009, S. 17 – 49).

In die engere Auswahl hierfür kämen Ballungsgebiete, zum Beispiel Städte, in denen der Bedarf an Betreuungsplätzen nicht ausreichend gedeckt ist. Als möglicher Standort sei zum Beispiel die Stadt Hildesheim mit einer Betreuungsquote von 18,7 % der Kinder im Alter von drei bis sechs Jahren (vgl. Statistik Portal: http://www.-statistik-portal.de/statistik-portal/kita_regional.pdf, letzter Zugriff: 02.05.2012) genannt.

Dünner besiedelte Gebiete wie beispielsweise der Landkreis Schaumburg in Niedersachsen mit einer weitgehend ländlich geprägten Bevölkerung kommen weniger als Gründungsorte in Frage. Hier sind die Anfahrtswege lang und die örtlich ansässigen Kindergärten bedienen den Bedarf an Betreuungsplätzen bereits in ausreichendem Maße. Nicht die Anzahl der Kindergärten sondern die Anzahl der Kinder stellt hier den limitierenden Faktor dar (siehe Anhang E5, S. 67).

Als weiteres maßgebliches Argument für die Gründung des Kindergartens in einer Stadt gilt die herausragende Bedeutung der Abenteuer- und Erlebnispädagogik in urbaner Umgebung. Naturbezogene, ökologische und bewegungsfördernde Aspekte des Konzeptes greifen hier wirksam.

> *„Kindheit heute ist Stadtkindheit, eine Kauf- und Verbraucherkindheit, eine Spielplatzkindheit, eine Verkehrsteilnehmerkindheit. Ihr fehlen elementare Erfahrungen: ein offenes Feuer machen, ein Loch in die Erde graben, auf einem Ast schaukeln, Wasser stauen, ein großes Tier beobachten, hüten, beherrschen. Das Entstehen und Vergehen der Natur, die Gewinnung von Materialien zu brauchbaren notwendigen Dingen (...) werden dem Kind- wie den meisten Erwachsenen vorenthalten."* (Henting, H. v. zit. bei: SCHEMEL, H. – J., S. 218)

Besonders in dichtbesiedelten Wohngebieten dient die Straße als Kommunikationsknotenpunkt und Lebensraum der Kinder. Ihr Spielverhalten ist beschränkt durch die eigenen Wohnräume, den asphaltierten Bereich vor der eigenen Haustür (vgl. Lang, 2006, S.22 ff). Von Zeit zu Zeit findet eine von den Eltern initiierte Flucht aus der Stadt in die Natur mit gewissem Erholungswert am Wochenende statt.

Aus dieser Lebensweise resultieren unter anderem eine ökologische Verarmung (dafür verstärkte Nutzung elektronischer Medien), soziale Isoliertheit und fein- und grobmotorische Schädigungen, die auf einem drastischen Bewegungsmangel basieren (vgl. Lang, 2006, S. 17).

> *„60 Prozent der Kinder leiden unter Haltungsschäden, 20 Prozent sind übergewichtig und 25 Prozent haben Kreislaufschwächen"* (Riexinger, 1999, S. 1).

Bewegung steht im Mittelpunkt, wenn es um die individuell zu entwickelnden Parameter sozialen Handelns der Kinder geht (vgl. Stüwe, 1998, S. 27).

Innerhalb der Anlage des Ausdrucksdrangs steht das Bildungs- und Lernziel, den persönlichen Zugang zu einer tiefen, eigenständigen und individuellen Persönlichkeit zu entwickeln (vgl. Neubert, 1990, S. 78).

Als Alternative und Ergänzung von etablierten Erziehungs- und Bildungseinrichtungen bietet die Erlebnispädagogik hier ein nachhaltiges Angebot mit vielfältigen Gestaltungsmöglichkeiten, persönlichen Empfindungen Ausdruck zu verleihen und durch gezielte pädagogische Methoden und Modelle einen Platz in einer Gruppe finden zu können (z.B. Tuckman Model: Forming, Storming, Norming, Performing) (vgl. Fischer und Ziegenspeck, 2000, S. 27).

5.2 Der Dienstleistungserstellungsprozess

Die soziale Dienstleistung zielt darauf ab, eigenständiges Denken und Handeln der Kinder zu fördern. Durch bewegungsfördernde Erlebnisse sollen soziale Kompetenzen angebahnt und letztendlich entwickelt werden. Für resiliente und mit entsprechenden Qualifikationen ausgestatte Kinder ist die Schuleingangsphase mit verminderten Schwierigkeiten verbunden (vgl. Dittrich / Grenner / Groot-Wilken / Sommerfeld / Viernickel, 2004, S.15). Die Besonderheit des Dienstleistungsangebotes spiegelt sich in der Gruppengröße und der Professionalität des eingestellten Fachpersonals wider (siehe Anhang E5, S. 67).

> *„Bis 2020 sollte an jeder Kindertageseinrichtung mindestens eine Fachkraft mit Hochschulstudium tätig sein."*
> (Aktionsrat Bildung: Uniabsolventen in Kindertagesstätten, http://www.bllv.de/BLLVRessortSchle.6507.0.html?&cHash=4f6f37 51b37564cff42d6967ad4a26a&tx_ttnews%5Btt_news%5D=5016, letzter Zugriff: 10.05.2012)

Ein Betreuungsschlüssel von 1:8 würde zwar ideale Verhältnisse abbilden, steht aber betriebswirtschaftlichen Kalkulationen bezogen auf die Kosten qualifizierten Fachpersonals entgegen. Hier stellt ein Betreuungsschlüssel von 1:10 einen Schritt in die richtige Richtung dar. Er kann als Kompromiss zwischen dem gesetzlich festgelegten maximalen Betreuungsschlüssel und dem angestrebten idealen Verhältnis angesehen werden.

Die Gründerin des Kindergartens arbeitet nicht ausschließlich in Leitungsfunktionen, sondern fungiert auch als Betreuerin in einer der beiden Gruppen. Dadurch wird ein respektvoller Umgang zwischen Leitung und Personal ohne Autoritätsverlust in den Teams geschaffen, der sicherlich zur Arbeitszufriedenheit beiträgt. Die geleistete Mehrarbeit der Gründerin wird durch einen finanziellen Aufschlag zum Tariflohn nach „TVöD S 11 Sozialpädagogin" abgerechnet (vgl. (http://oeffentlicher-dienst.info/tvoe-d/sue/. Letzter Zugriff: 21. 05. 2012). Das Personal besteht aus einer weiteren Mitarbeiterin und zwei Mitarbeitern, die in Vollzeit beschäftigt werden. Der Tariflohn ist für folgende Personen ausgeschrieben:

„Sozialarbeiterinnen / Sozialarbeiter und Sozialpädagoginnen / Sozialpädagogen mit staatlicher Anerkennung und entsprechender Tätigkeit sowie sonstige Beschäftigte, die aufgrund gleichwertiger Fähigkeiten und ihrer Erfahrungen entsprechende Tätigkeiten ausüben." (http://oeffentlicher-dienst.info/tvoed/sue/. Letzter Zugriff: 21.05.2012)

Gesetzlich sind die Angestellten in diesem Betrieb kranken-, renten- und arbeitslosenversichert. Das Personal ist lohnsteuerpflichtig (vgl. Weißer, 2010, S. 78).

Der Betreuungssatz, den Eltern zu entrichten hätten, läge für eine Kalkulation der ersten drei Jahre nach Gründung bei 466,91 € monatlich (siehe Kapitel 11, S.32). Sechs Prozent der Kosten der öffentlichen Kinderbetreuung in der Bundesrepublik Deutschland lagen nach einem Umfrageergebnis aus dem Jahr 2011 zwischen 401€ und 500 € (Besser Betreut Report 2011, http://go.betreut.d-e/pdf/pressemitteilungen-/Betreut-Report_2011.pdf, S. 23, letzter Zugriff: 14.05.2012). Da in den veranschlagten 466,91 € bereits 57,50 € für Ausflüge und Verpflegung enthalten sind, ergäbe sich ein Betreuungsbetrag von 408,50 €, der in Bezug auf das Preis-Leistungsverhältnis im Vergleich zu den erwähnten sechs Prozent der öffentlichen Kindergärten als preisgünstig eingestuft werden kann.

Auf Grundlage dieser Kalkulation ergäbe sich ein finanzieller Rückhalt von 10.200 € jährlich, der für Urlaubsvertretungen, Fortbildungen und die Bezahlung unvorhergesehener Kosten bereitstehen könnte.

Aufgrund der möglichen Vernetzung bei der Ausführung des abenteuer- und erlebnispädagogischen Kindergartens mit der HAWK Hildesheim, wird von Hildesheim als Standort ausgegangen.

Urlaubsvertretungen könnten in Zusammenarbeit mit der ortsansässigen Firma Cluster Sozialagentur organisiert werden. Der Firmeninhaber, Herr Christian Köpper, gilt als kompetenter Ansprechpartner für diese Belange, zumal er auf einen ansprechenden Fachkräftepool zurückgreifen kann. Pädagogische MitarbeiterInnen können flexibel und zeitnah vermittelt werden (vgl. http://cluster-sozialagentur.de/, letzter Zugriff: 21.05.2012).

In Absprache mit den MitarbeiterInnen soll geklärt werden, inwieweit sie bereit sind, sich am Aufräumen und Reinigen der Gruppen- und Aufenthaltsräume unter Beachtung der geltenden Hygienevorschriften im Rahmen ihrer Festanstellung zu beteiligen. So ließen sich gerade im Anfangsstadium der Gründung die Kosten für Reinigungspersonal gering gehalten, zumal es sich um einen kleinen Kindergarten handelt.

Ein weiterer Aspekt des Dienstleistungserstellungsprozesses betrifft die Vernetzung mit einer regionalen Cateringfirma zur Gewährleistung des Mittagessens für Kinder und Personal.

Die Außendarstellung mit allen notwendigen marketingstrategischen Ausführungen wie beispielsweise einem Internetauftritt in Form einer Homepage, Informationsbroschüren, Werbung durch Giveaways, Ankündigung von Großereignissen in regionalen Printmedien wird situationsbedingt erfolgen

Die Öffnungszeiten der Einrichtung werden so gestaltet, dass sich die Betreuungszeit pro Woche auf 38 Stunden beläuft.

Montag	Dienstag	Mittwoch	Donnerstag	Freitag
07:30 – 15:30 Uhr	07:30 – 15:30 Uhr	07:30 – 15:30 Uhr	07:30 – 15:30 Uhr	07:30 – 13:30 Uhr. Wöchentliche Dienstbesprechung von 14:00 – 15:30 Uhr

Den Mitarbeiterinnen und Mitarbeitern sowie der Leitung wird eine vom Landesrecht Niedersachen gesetzlich vorgeschriebene Verfügungszeit von insgesamt 7,5 Stunden pro Woche zugesprochen, die im §5 Absatz 2 des KiTa G zu finden ist.

> *„Der Gruppenleitung und den zweiten Kräften in den Gruppen ist eine Verfügungszeit von insgesamt mindestens 7,5 Stunden je Gruppe wöchentlich für die Vor- und Nachbereitung der Gruppenarbeit sowie für die Zusammenarbeit der Mitarbeiterinnen und Mitarbeiter der Kindertagesstätte untereinander, mit den Erziehungsberechtigten, Schulen und anderen Einrichtungen sowie für die Mitwirkung bei der Ausbildung zu gewähren."* (Wall, 2009, S. 35)

Die Verfügungszeit bietet auch Raum und Zeit für gegenseitige Absprachen und die Planung von gemeinsamen Erziehungsmaßnahmen. Hier stehen beispielsweise Dienstbesprechungen, Entwicklungsberichte, Kontaktgespräche mit Eltern, Praktikantenanleitungen und Elternabende im Plan. Den Mitarbeiterinnen und Mitarbeitern werden 20 freiwählbare Urlaubstage zugestanden.

Mindestens drei Tage im Jahr ist eine Fortbildungsphase für die MitarbeiterInnen vorgesehen, die auch fest im KiTa Gesetz des Landes Niedersachsens unter §5 Absatz 5 festgeschrieben ist (vgl. Wall, 2009, S. 35).

Die für die Gründung erforderlichen Finanzierungsmittel werden durch Aufnahme eines Kurzkredites der Gründerin im Umfang von 70.000 € zur Deckung der Kosten in der Anfangsphase vorgehalten. Um eine mögliche frühzeitige Insolvenz zu verhindern, muss sichergestellt sein, dass die Zinslast für zu tätigende Investitionen unter dem Unternehmensgewinn liegt. Geht man von einem effektiven Jahreszins von 5 % aus würde sich ein monatlicher Zins von ca. 300€ ergeben, der einer kalkulierten Gewinnerwartung von 875€ gegenübersteht. Es ist vorgesehen, verschiedene Investoren (z.B. Outdoor Industrie, Sportvereine, Hochschulen, liquide Privatpersonen, größere Betriebe in der Nähe) für das Projekt zu gewinnen.

5.3 Kundenvorteile und Kundennutzen

Durch die privatisierte Kindergarteninitiative erwachsen für interessierte Personen diverse Vorteile und Privilegien für ihre Kinder. Kleine Gruppengrößen gewährleisten intensive und persönliche Kontakte zwischen dem Betreuungspersonal und den Kindern (siehe Anhang A7, S. 55), jedes einzelne Kind erfährt ein Mehr an Betreuung.
Die geplante Männerquote sorgt für das adäquate Präsentsein beider Geschlechter. Die Autorin verspricht sich hiervon ein intensives pädagogisches Erleben für die Kinder, aus dem ein verstärktes Wohlfühlempfinden resultiert.
Die abenteuer- und erlebnispädagogischen Aspekte prägen nachhaltig die Motorik und unterstützen ein selbstwirksames Lernen.

> *„(...) die Komplexität von Erziehungs- und Lernprozessen ist so groß, dass sie sich im Grunde einer Steuerung entziehen. Trotz fehlender Steuerungsmöglichkeiten bleiben Erlebnisse aber nicht wirkungslos. Durch die Aufbereitung ist es möglich, dass einzelne Erlebnisse in den biographischen Erfahrungskontext integriert und somit über die konkrete Situation hinausgehend in ihrem Lern- und Erfahrungsgehalt generalisiert werden. Aus Erlebnissen werden so Erfahrungen."* (Lakemann, 2005, S. 15)

Lernen für´s Leben – Lernen mit Herz und Hand" (Fischer und Ziegenspeck, 2000, S. 34) ist in diesem Kindergarten Programm. Impliziert wird eine Auseinandersetzung mit allen Sinnen, mit Bezug zur Realität und einer Vernetzung zur Lebenspraxis (vgl. ebd.).
Bei den pädagogischen Prinzipien handelt es sich immer um Lernerfahrungen auf der Grundlage von intensiven Erlebnissen. Hierbei steht der Transfer des Erlebten in den Lebensalltag des Kindes im Mittelpunkt (vgl. Meier-Gantenbein, 2000, S. 16). Es wird davon ausgegangen, dass Erlebnisse eine sehr starke Wirkung auf der

erzieherischen Ebene auslösen, weil sich jedes Individuum von selbst weiterbildet, erfahren kann und sich somit auch eigenständig erzieht (vgl. Meier-Gantenbein, 2000, S. 17). Die Möglichkeiten, die die naturnahe Erlebnispädagogik bietet, schließen vor allem die sportpädagogischen Mittel mit ein. Durch die körperliche Ertüchtigung gelingt sowohl eine Neuausrichtung auf gesetzte Ziele, als auch eine Neueinführung von gewünschten Verhaltensmustern, die in Übungen vermittelt werden (vgl. Becker, 2007, S. 263).

Im Hinblick auf die spezifischen frühkindlichen Entwicklungsphasen des Kindes wird das freie Spielen mit einer bedeutenden Funktion in den Vordergrund der Überlegungen gestellt (vgl. Bauer, 2001, S. 58). Das Prinzip des freien und kreativen Spielens dient der Erlangung explorativer Lernerfahrungen. Die Spiele und Aktionen, mit denen sich die Kinder in den Freispielphasen beschäftigen, werden selbstständig von ihnen ausgewählt.

Den Kindern wird ein spielerisches Angebot unterbreitet, das sich in der dargelegten Art und Weise in keinem öffentlichen Kindergarten realisieren ließe. Damit haben beispielsweise vollzeitberufstätige Eltern die Chance, ihrem Kind eine alle Facetten berücksichtigende Rundumbetreuung zu ermöglichen.

Da durch vielfältige Aktivitäten während des Kindergartenbetriebes (sportliche, musische, künstlerische und naturbezogene) der elternhausbezogene Anteil hierfür stark entlastet wird, können die Eltern zuhause direkt mehr Zeit mit ihren Kindern verbringen. Zudem machen die Kinder ihre Erfahrungen im Team mit ihren Freundinnen und Freunden innerhalb ihrer Peergroup.

Sie haben die Möglichkeit, sich in Interessengemeinschaften zu finden (siehe Anhang A1, S. 45 und A2, S. 46). Hier sind vier unterschiedliche Neigungsbereiche im Angebot: Sport und Bewegung, Musik und Rhythmus, Gestalten und Werken, Natur und Technik.

Der obligate monatliche Ausflug trägt zur Förderung der Gemeinschaft, zur Erhöhung sozialer Kompetenzen und zur Steigerung des Erfahrungswertes bei.

Die Geschäftsidee stellt ein Novum in der Kindergartenszene dar. Es werden viele zeitgemäße ökologische Angebote im frühkindlichen Bereich unterbreitet, die es bisher so noch nicht gab. Ein Schwerpunkt wird auf die Wirksamkeit erlebnispädagogischer Aktivitäten in der elementaren Bildung und Erziehung gelegt (vgl. Lakemann, 2005, S. 1 fff). Es geht um

> „(...) die Bedeutsamkeit des Sammelns von Erfahrungen im Hinblick auf den Erkenntnisprozess der Kinder (...). In ihrer altersspezifischen Eigenart sollen Kinder (...) das Wesen der Erscheinungen in ihrer Außenwelt erkennen." (Lausberg, 2007, S. 16)

Konkurrenz erhält die Unternehmung innerhalb der Kindergartenlandschaft der Stadt Hildesheim durch Einrichtungen in kommunaler, kirchlicher und vereinsmäßiger Trägerschaft. Die dort angebotenen Leistungen sind bezogen auf die gesetzlichen Rahmenbedingungen vergleichbar. Die geplante Gründung hebt sich hiervon aber durch die ausschließlich auf erziehungswissenschaftlichen Erkenntnissen basierenden Angebote sowie studiertes Fachpersonal ab.

Die ausgereifte pädagogische Konzeption bietet allen Kindern die Möglichkeit einer ganzheitlichen Erfahrungs- und Lerngestaltung in pädagogisch-professionellem Umfeld.

Ein besonderes Angebot richtet sich an Eltern mit ADHS (Aufmerksamkeitsdefizit Hyperaktivitätssyndrom) diagnostizierten Kindern, für die die Anwendung sportpädagogischer Methoden einen Beitrag zu ihrer Therapie liefern kann. Nach dem Sportwissenschaftler und Erlebnispädagogen Martin Gumpold „ *(…) kann die Vermutung bestätigt werden, dass erlebnispädagogische Interventionen, positive Auswirkungen auf die Entwicklung von ADHS-Kindern haben"* (Gumpold, 2010, S. 120).

Für Eltern mit ADHS-Kindern bietet der Kindergarten die einmalige Chance einer Therapieergänzung. Dieser Aspekt verleiht dem Gründungsvorhaben im Vergleich zu anderen Kindergärten ein weiteres Alleinstellungsmerkmal am Markt.

Die angebotenen Leistungen stellen in ihrer Summe eine USP, „Unique Selling Proposition" dar (Kollmann, 2009, S. 397).

6. Organisation und Rechtsform

Die Rechtsform des „Einzelunternehmens" scheint der Gründung am ehesten gerecht zu werden. Niedrige Gründungskosten und ein geringes Eigenkapital sind zugelassen (vgl. Scheibe-Jaeger, 1999, S.135). Der Inhaberin und alleinigen Eigentümerin obliegen die Entscheidungsbefugnisse. Ausnahmen können geltend gemacht werden, wenn durch Fremdgelder für die Finanzierung eine gewisse Abhängigkeit ins Spiel kommt, zum Beispiel durch Sicherheiten für einen Bankkredit (vgl. Peters / Brühl / Stelling, 2000, S. 43). Die Einzelunternehmerin haftet vollkommen mit ihren gesamten Kapitaleinlagen. Verfassungsrechtlich und haftungsmäßig wird bei dieser Rechtsform auch nicht zwischen Privat- und Geschäftsvermögen unterschieden. Da die Verantwortung der betrieblichen Beschäftigung allein der Einzelunternehmerin zugesprochen wird, bürgt sie auch im Falle von auftretenden finanziellen Schwierigkeiten. Im Umkehrschluss steht ihr dafür auch der gesamte Gewinn der Unternehmung zu (vgl. ebd.). Ein Startkapital ist bei dieser Rechtsform nicht vorgeschrieben. Ein wesentlicher Aspekt ist die unternehmerische Selbstbestimmtheit, den diese Rechtsform bietet.

Der Geltungsbereich der Haftung für die Kinder und das Personal ist durch das Land Niedersachsen gegeben, wenn für die Unternehmung eine Betriebserlaubnis vorliegt. Die Betriebserlaubnis wird vom Jugendamt nach vorheriger Antragstellung bearbeitet. Die Aufsicht für Kindertagesstätten leitet den Antrag an das Niedersächsische Sozialministerium weiter, von dem die Betriebserlaubnis dann erteilt oder nicht erteilt wird. Für den Antrag werden baurechtliche Genehmigungen und Pläne, die Anerkennung als Jugendhilfeträger (nach §75 SGB VIII KJHG), die Anerkennung der Gemeinnützigkeit und der Nachweis zu Umfang und Ausbildung des Personals benötigt. Die Genehmigung erfolgt nur, wenn sämtliche Räumlichkeiten den Unfallverhütungsvorschriften nach DIN EN 1176 genügen. Dies betrifft auch insbesondere die Spielplatzgeräte und Spielplatzböden.

> *„Das Land beschränkt die Gewährung von Leistungen für Personalaufgaben auf Tageseinrichtungen, für die eine Betriebserlaubnis nach § 45 SGB VIII vorliegt"* (Wall, 2009, S. 60).

Die möglichen Zuschüsse belaufen sich auf 20 % der Personalausgaben. Die Betriebserlaubnis in Verbindung mit den zu gewährenden Zuschüssen stellt gerade zu Beginn eine wertvolle finanzielle Unterstützung dar, die im weiteren Betrieb des Kindergartens zu einer Verringerung des Betreuungssatzes führen kann, zu Beginn aber der Steigerung des finanziellen Rückhaltes dienen wird.

Ein Nachteil für potenzielle Investoren stellt ein rechtlich nicht abgesichertes Mitspracherecht in dieser Rechtform dar. Es ist daher schwieriger, geeignete Investoren anzuwerben (vgl. Opoczynski, 2006, S. 51 ff).

Steuerrechtlich zahlt es sich aus, die notwendigen Schritte einem Steuerberater zu überlassen.

Auch bietet es sich an, bezogen auf weitere rechtliche Formalitäten eng mit der HAWK Hildesheim zusammenzuarbeiten, um Fehler zu vermeiden. Hier ist an Anmeldungen beim Finanzamt, Eintragungen bei der Stadt, Erwerb eines Gewerbescheines und den Einbezug einer Rechtsanwältin, eines Rechtsanwaltes zu denken.

7. Branche und Markt

Die wirtschaftliche Situation der Branche zeichnet sich durch eine große Diversität im Vergleich einzelner Bundesländer aus. Niedersachsen steht auf einem der unteren Ränge bezüglich der Schaffung von Betreuungseinrichtungen und hat auf dem Gebiet der elementaren Bildungsarbeit noch einiges aufzuholen (vgl. Statistik Portal: http://www.-statistik-portal.de/statistik-portal /kita_regional.pdf, letzter Zugriff: 27.04.2012). In diesem Sinne steht die Gründung eines privaten Kindergartens im Einklang mit den politisch erklärten Zielen bezogen auf die Schaffung weiterer Betreuungsmöglichkeiten. Die Nachfrage an geeigneten Betreuungsplätzen ist groß, und die Stadt Hildesheim hat noch Kontingente frei. Die politische Absicht der Erhöhung der Krippenplatzkapazitäten verspricht dem abenteuer- und erlebnispädagogischen Kindergarten als innovative Nachfolgeinstitution eine vermutlich ausreichende Anzahl an Interessentinnen und Interessenten, da das Betreuungsangebot fortgeführt werden müsste (vgl. ebd).

Der Trend der Zeit in Sachen ´Bildungsarbeit in der frühen Kindheit´ ist klar ökologisch geprägt. Die Möglichkeit, Erfahrungen direkt in der Natur gewinnen zu können, kehrt verstärkt in das Bewusstsein der Eltern der jüngsten Generation zurück (vgl. Gilsdorf, 2004, S. 127 ff). Auch gewinnen Aspekte der Bewegung an Relevanz. Eine *„neue Bewegungskultur"* (Heckmair / Michl, 2008, S. 303) wird beschrieben.

> *„Es ist pädagogisch enorm wichtig, Kinder in ihrer Wahrnehmungs-*
> *und Bewegungsfähigkeit individuell zu unterstützen. Nur so können*
> *Bewegungsfreude und Motivation bei allen Kindern aufrecht erhal-*
> *ten werden." (Lienert / Sägesser / Spiess, 2010, S. 5)*

Es lässt sich ein notwendiger Handlungsraum für mehr bewegungspädagogische Angebote in der frühen Kindheit ableiten (siehe Anhang E6, S. 69).

Im Bereich der sozialen Dienstleistungen wird mit dieser Art eines privatisierten Kindergartens erstmalig Neuland im Umkreis der Stadt Hildesheim betreten.

Als Markteintrittsbarriere steht das Betreuungsgeld von 466,91 € im Fokus. Familien mit einem unterdurchschnittlichen Einkommen werden die Betreuungskosten ohne Zuschüsse der „Öffentlichen Hand" nur schwer aufbringen können. Für finanziell besser Verdienende dagegen sollte dieser Betrag keine Hürde darstellen. Die Besonderheiten des Angebots würden für diese Klientel ein motivierendes Moment darstellen, zumal ihren Kindern etwas Einmaliges, eine privilegierte Form der Betreuung geboten wird.

In einer Studie des *„Betreut Report 2011"* (http://go.betreut.d-e/pdf/pressemitteilungen/Betreut-Report_2011.pdf, letzter Zugriff: 14.05.2012) wird eine Bestandsaufnahme zur Kinderbetreuung in der Bundesrepublik Deutschland vorgenommen. Die Trägerschaft der Kinderbetreuungseinrichtungen obliegt zu je 30% den kommunalen Trägern und Kirchen. Elterninitiativen und Zusammenschlüsse belaufen sich auf 6 %. Private Einrichtungen bilden mit 12 % einen weiteren Betreuungszweig, unbekannte und andere Institutionen belaufen sich zusammen auf 22 % (vgl. ebd.). Auch die Kosten, die für die Kinderbetreuung aufgebracht werden müssen, sind sehr unterschiedlich verteilt. 20 % der Betreuungseinrichtungen sind ohne Betreuungskosten. Die niedrigsten Preissegmente liegen im Bereich zwischen 1 € bis 300 €. Sie sind mit 57 % vertreten. Mittlere Kosten sind im Preisintervall von 301 € bis € bis 600 € mit einer Häufigkeit von 19 % anzufinden. Die Spitze der zu zahlenden Betreuungssätze beginnt bei 601 € und endet bei mehr als 1000 € mit einer Häufigkeit von 4 % (vgl. ebd.).

> *„Kinderbetreuung in Deutschland ist nach wie vor teuer. Fast 20%*
> *des durchschnittlichen Haushalts-Nettoeinkommens werden in die*
> *Kinderbetreuung investiert."* (Besser Betreut Report 2011,
> http://go.betreut.de/pdf/pressemitteilungen/BetreutReport_2011.pdf
> , S. 23, letzter Zugriff: 14.05.2012)

Die avisierte Gründung liegt im mittleren Preissegment. Hiervon ausgehend hat sie eine realistische Chance auf Annahme bei der Klientel am Markt.

7.1 Analysen der Branche und des Gesamtmarktes

Nach einer amtlichen Zählung lebten am 31.12.2010 insgesamt 102.794 Menschen in Hildesheim. Der Anteil der Kinder, die unter sechs Jahren waren, betrug 4.831 Kinder. Die Stadt Hildesheim betreut zurzeit 1.162 Kinder in öffentlich geförderten Einrichtungen (vgl. Statistische Ämter des Bundes und der Länder, Statistik Portal: Kindertagesbetreuung Regional 2011, http://www.statistikportal.de/ statistikportal/kita_regional.pdf (letzter Zugriff: 20.05.2012).

Es existieren derzeit rund 60 Kindertageseinrichtungen, von denen 27 Einrichtungen ausschließlich Kindergärten sind (vgl. Landesbetrieb für Statistik und Kommunikationstechnologie Niedersachsen:http://www.nls.niedersachsen.de/Gemeinden/G25-402-1.html, letzter Zugriff: 20.05.2012).

Einer von der Autorin angefertigten Karte im Anhang (A7, S. 55) sind die Standorte der 27 Kindergärten in Hildesheim zu entnehmen. Sie stellen die Grundlage für die Elaboration eines geeigneten Standortes für das Gründungsvorhaben dar. Die Kindertagesstätten bleiben unberücksichtigt, da ihre Angebotsstruktur keine Konkurrenz darstellt. Es wird nur Bezug auf vorhandene Kindergärten genommen, da diese eine Vergleichbarkeit in Bezug auf die Öffnungszeiten und Strukturierung der

Tagesabläufe zulassen. Die Wahl des Standortes nimmt einen bedeutenden Stellenwert für die Bedarfsermittlung ein (Köppel, 2009, S. 57).

Von den Kindergärten in Hildesheim werden fünf Einrichtungen als Verein verwaltet, zwei Kindergärten sind in städtischer Hand und zwanzig Kindergärten sind in kirchlicher Trägerschaft. Ein privater Kindergarten ist bisher in Hildesheim nicht auszumachen.

Es wird zwischen *„harten und weichen Standortfaktoren"* (Bundesministerium für Wirtschaft und Technologie, 2010, S. 43) unterschieden. Faktoren, die sich in Zahlen und Fakten ausdrücken lassen, wie zum Beispiel *„Verkehrsanbindungen, Arbeitsmarkt, Zustand des Betriebsgebäudes"* werden den harten zugerechnet (ebd.). Schwieriger messbare Faktoren wie zum Beispiel *„Wohnumfeld, Umweltqualität, Freizeitwert, Image der Kommune"* (ebd.) zählen zu den weichen.

Der Standort sollte so gewählt werden, dass er gute Verkehrsanbindungen aufweist. Hildesheim bietet ein sehr gut ausgebautes Busliniennetz. Das Straßennetz ist übersichtlich gegliedert, der Verkehrsfluss wird nach neuesten Methoden gesteuert. Von der Innenstadt aus erreicht man die äußeren Stadtgebiete wie zum Beispiel den Moritzberg, Himmelstür oder das Wohngebiet Itzum, ohne zeitliche Schwierigkeiten in Kauf nehmen zu müssen. Für die Stadtteile Ochtersum oder Moritzberg spräche ihre geringe Kindergartendichte.

Eine Stadt mit hoher Bevölkerungsdichte stellt ein größeres Angebot professionellen Personals bereit. Die Wahrscheinlichkeit hier eine den Ansprüchen genügende Immobilie zu finden, ist ebenfalls höher als im ländlichen Bereich.

7.2 Marktsegmente und Zielgruppe

Eine Segmentierung der Marktlage ergibt sich aus den Ausführungen des Kapitels 7.1. Die Privatinitiative des abenteuer- und erlebnispädagogischen Kindergartens richtet sich an die Zielgruppe überdurchschnittlich verdienender Eltern. Aus soziologischer Sicht ist dieses Anliegen durchaus kritisch zu betrachten, marktwirtschaftlich stellt es eine Notwendigkeit dar. Geplant ist aber der Einbezug eines Kontingentes von 10 Kindern mit weniger liquiden Eltern, für die fehlende finanzielle Mittel als Zuschuss zu einem gewissen Grundbetrag bei geeigneten Institutionen beantragt werden könnten. Das professionelle Fachpersonal würde bei auftretenden Fragen eine kompetente Hilfestellung anbieten.

Da es sich bei dieser Gründung um ein Dienstleistungsangebot handelt, wird aus marktwirtschaftlicher Sicht „Betreuung" abgesetzt, deren Marktwert quantitativ nur mittelbar messbar ist. Bisher liegen keine statistischen und konzeptionellen Daten für ein ähnliches Projekt vor, da es sich um das erste dieser Art handelt. Eine positive Annahme des Angebotes bei der Klientel vorausgesetzt ließe die Hypothese einer expandierenden Betreuungszahl verbunden mit einer Aufstockung des Personalbestandes zu. Hieraus würde dann eine etwas höhere Gewinnerwartung prognostiziert werden können als in den ersten drei Jahren. Während der Zeit der Markteinführung scheint es allerdings aus Kostengründen geboten, mit einer kleineren Anzahl zu betreuender Kinder einzusteigen, um zunächst Daten über den Zuspruch bei den Eltern zu erheben. Die Gewinnerwartung wird in den ersten drei Jahren zugunsten eines niedrigeren Betreuungssatzes eingegrenzt. Der Tabelle der Drei-Jahres-Planung (siehe Kapitel 11) ist zu entnehmen, dass erzielte Gewinne in den ersten drei Jahren ausschließlich zur Rückhaltsicherung eingesetzt werden. Sie können bei der derzeit geplanten Preisgestaltung mit 10.200 € beziffert werden. Es wird davon ausgegangen, mit „Bildung und Erziehung" auch im Kindesalter im Rahmen privater Einrichtungen künftig größere Gewinne erzielen zu können. In der Erwachsenenbildung spricht die Anzahl der in letzter Zeit eingerichteten Privat-Universitäten für sich.

> *„Immer mehr Studierende entscheiden sich für eine private Hochschule. Ihre Zahl hat seit 2001 laut einer Studie des Instituts der deutschen Wirtschaft Köln um mehr als 140 Prozent zugenommen."* (http://www.zeit.de/online/2009/28/studium-in-der-nische, letzter Zugriff: 16.06.2012),

Der Bereich der privaten frühkindlichen Bildungseinrichtungen steckt noch in den Kinderschuhen. Angesichts leerer Kassen der Städte und Gemeinden ist aber eher nicht mit einem Preisverfall zu rechnen. Im Gegenteil kann davon ausgegangen werden, dass ein hochwertiges Angebot, bei dem das Preis-Leistungsverhältnis stimmt, auch eine entsprechende finanzielle Würdigung erfahren wird.

7.3 Wettbewerb

In der angewandten Erlebnispädagogik gibt es sehr viele Angebote im Bereich der Jugend- und Erwachsenenbildung. Die Lernumgebung der frühen Kindheit wird aber auf diesem Gebiet lediglich durch außerschulische Angebote und Fortbildungen für Sozialpädagoginnen und -pädagogen sowie ErzieherInnen bedient (vgl. bsj Marburg, http://www.bsj- marburg.de/, letzter Zugriff: 30.04.2012). Hieraus lässt sich eindeutig das Alleinstellungsmerkmal des geplanten Gründungsvorhabens ableiten. Es existiert nach Wissen der Autorin keine mit der pädagogischen Konzeption vergleichbare Einrichtung im deutschsprachigen Raum. Exemplarisch für eine privates Betreuungsangebot in „elementaren" Einrichtungen wird auf den Kindergarten des Unternehmers Jürgen Reul verwiesen (vgl. http://www.villaluna.de/, letzter Zugriff: 30.04.2012). Herr Reul ist Geschäftsführer der bilingualen Kindertageseinrichtungskette „Villa Luna" aus Nordrhein-Westfalen. Sein Unternehmen hat mit zehn Kindern begonnen und expandiert zunehmend. Mittlerweile existieren sechs Einrichtungen in Deutschland, in denen ausschließlich Diplom Sozialpädagoginnen und -pädagogen eingestellt sind. Zu den höheren finanziellen Beiträgen für das Dienstleistungsangebot höherer pädagogischer Qualität ($1000\frac{€}{Monat}$) bezieht Herr Reul eine klare Position:

> *"Die Eltern bezahlen viel Geld und stellen automatisch einen sehr starken Dienstleistungsanspruch an uns - dem wir in jedem Fall nachkommen wollen."*
> (http://www.welt.de/wirtschaft/article9369690/Wie-private-Kitas-um-ihre-Existenz-kaempfen.html, letzter Zugriff: 30.04.2012)

Für das Gründungsvorhaben gelten äquivalente Maßstäbe, wenn auch nicht auf einem derart hohen Preisniveau. Eine marktfähige Idee wird im erziehungswissenschaftlichen Umfeld in die Praxis umgesetzt. Hierauf gründet die Strukturierung der Entwicklungsprozesse des Unternehmens (vgl. Merk, 1997, S. 8 f). Dem Ausbau und der damit verbundenen Gestaltung des Bildungsbereiches der frühen Kindheit wird möglichst entsprochen.

> *„Das heißt, dort, wo eine Nachfrage nicht durch öffentliche Angebote befriedigt werden kann, können private Anbieter auftreten und ihre Nachfrage finden."* (Merk, 1997, S. 11)

Ein gehobenes Preisniveau legt den Grundstein für hochwertige pädagogische Arbeit und ihre Performance in der Öffentlichkeit. Die Kosten des professionell pädagogischen Betreuungsangebotes sind überdurchschnittlich hoch und erfordern daher entsprechend hohe Betreuungssätze. Betriebswirtschaftlich halten sie jedoch nach Ansicht der Autorin aufgrund des außergewöhnlichen Leistungsangebotes dem Wettbewerb um potenzielle Kunden stand. Hieraus ergibt sich eindeutig ein Wettbewerbsvorteil. Es ist zu erwarten, dass potenzielle Konkurrenten den etwas höheren Bertreuungssatz als Argument für eine mögliche Abwerbung nutzen könnten. Hier wird aber die erbrachte Leistung der Unternehmung für sich selbst sprechen.

8. Marketing, Absatz und Vertrieb

Die Schritte bis zur Einführung und in Inbetriebnahme der Einrichtung strukturieren sich wie folgt:

- Masterstudium der Gründerin an der Phillips-Universität in Marburg im Studiengang „Abenteuer- und Erlebnispädagogik"
- Standortabhängige Befragung von Eltern mit Kindern unter sieben Jahren im Gebiet der Stadt Hildesheim
- Standortfestlegung und Immobilienanmietung
- Ausführung erforderlicher Umbauten
- Beantragung und Erhalt der Betriebserlaubnis und Abschluss eventuell notwendiger Zusatzversicherungen (Niedrig- und Hochseilgarten)
- Ausschreibung der zu besetzenden Stellen und Akquirierung kompetenter MitarbeiterInnen
- Gezielte Werbemaßnahmen in diversen Medien
- Aufnahme der Kinder in die Einrichtung

Bis zum Jahr 2014 werden während des Studiums in Marburg in enger Kooperation mit den Netzwerken der HAWK Hildesheim vorbereitende Maßnahmen eingeleitet. Gerade zu Beginn wird die berufliche Qualifikation der Gründerin im Dreh- und Angelpunkt der Ausführung des Gründervorhabens stehen, damit die gesetzten Ziele auch erreicht werden können. Nach der Anmeldung der Kinder durch ihre Erziehungsberechtigten wird die Arbeit im Kindergarten aufgenommen. Die Zahlungsmodalitäten werden geregelt, die zugesagten Leistungen garantiert.

Eine zu erstellende Website und eine zu konzipierende etwa zehnseitige Broschüre mit der Vorstellung des Leistungsangebots der Einrichtung, werden als Vertriebskanal dienen. In Zusammenarbeit mit Studierenden der HAWK Hildesheim ist die Produktion eines geeigneten „Giveaways" geplant, das an die Kinder verteilt werden soll. Die Kinder können später auch auf Stadtfesten (wie zum Beispiel dem alljährigen „Lernfest" in der Innenstadt von Hildesheim oder dem „Markt der Möglichkeiten" der HAWK) in Erstkontakt mit dem dann existenten Kindergarten kommen. Durch speziell für sie geplante Aktionen erhalten sie hier kindgerechte Informationen über die Einrichtung. Eltern bekommen so ebenfalls die Möglichkeit, sich vorab zu erkundigen, verbunden mit eventuellen Besichtigungsangeboten. Durch die Öffentlichkeitsarbeit erhalten potenzielle NutzerInnen des Seilgartens die Chance, die Rahmenbedingungen mit den Nutzungskonditionen kennen zu lernen.

8.1 Markteintrittsstrategie

Die Strategie für den Markteintritt im Raum Hildesheim nutzt das bereits bestehende Kontaktnetzwerk der HAWK Hildesheim zur Bevölkerung und ansässigen Unternehmen, um das Gründungsvorhaben bekannt werden zu lassen und potenzielle Interessenten (Eltern) zu gewinnen. Über die Logistik und Organisation der HAWK bestünde die Möglichkeit, die hier vorhandenen Medien und Räumlichkeiten nach Absprache für Vorträge über die pädagogische Konzeption des geplanten Gründungsvorhabens vor interessierten Eltern und ihren Kindern zu nutzen. Dozentinnen und Dozenten der angrenzenden Fachgebiete könnten beratend einbezogen werden. Die Fachhochschule bietet auch die Möglichkeit der Rekrutierung professionellen Fachpersonals.

Die Stadt selbst offeriert einen Markt mit Wachstumspotenzial für die geplante Gründung, da die Bevölkerungsstruktur durchweg mittelständig geprägt ist. Das Fehlen vergleichbarer Einrichtungen wie etwa ein Waldkindergarten kann als weitere günstige Voraussetzung angeführt werden. Die Betreuung im ansässigen Waldorfkindergarten ist stark durch anthroposophische Ansichten geprägt und richtet sich damit an eine spezielle Elternklientel.

Während der Praktika, die die Verfasserin im Rahmen ihres Bachelorstudiums absolvierte, kristallisierte sich in Gesprächen mit Eltern ein deutliches Interesse an sportpädagogischen Betreuungseinrichtungen für ihre Kinder heraus.

Die in der Stadt gefundene Marktnische verspricht Erfolgsaussichten für das Gründungsvorhaben, das aber aufgrund der speziellen Zielgruppe durchaus auch mit Risiken behaftet sein könnte.

> *„Die Beschränkung auf wenige Marktnischen bietet die Möglichkeit, gleichzeitig Kostenführerschaft und Differenzierung zu realisieren. Diesem Vorteil steht der Nachteil eines höheren Risikos aufgrund der Beschränkung auf ein Marktsegment gegenüber."* (Pepels, 1999, S. 189)

Marktstrategisch wird es darauf ankommen, dieses Risiko zu minimieren, indem durch pädagogische Qualität Überzeugungsarbeit geleistet wird, deren Stellenwert sich durch „Mund zu Mund Propaganda" verbreitet.

Die Gründung eines bisher nicht bekannten innovativen Kindergartenprojektes bedarf einer unabdingbaren Transparenz der Unternehmensphilosophie gegenüber der Elternklientel (vgl. Pepels, 1999, S. 191). Der Erfolg der Einrichtung wird auch davon abhängen, inwieweit es gelingt, die sportpädagogischen Vorzüge und Besonderheiten der Einrichtung nachhaltig verständlich zu machen. Kommunikationsmittel, die unter Berücksichtigung von *„Cooperate Design und Communication"* (Meffert, 2000, S. 1271) erstellt und abgestimmt werden, bieten hier eine Hilfestellung an.

Die Attraktivität und empathischen Belange des abenteuer- und erlebnispädagogischen Kindergartens wird in Form eines Cooperate Identity Konzeptes zum Ausdruck gebracht werden (vgl. Meffert, 200, S. 26). Der erhebliche Mehraufwand durch die speziell auf die bewegungsrelevanten Bedürfnisse der Kinder ausgerichteten Angebote muss erkennbar werden (vgl. Kollmann, 2009, S. 67). Eltern müssen davon überzeugt sein, dass in diesem Kindergarten allgemeingültige Werte vermittelt werden, ein überzeugender Lebensstil für ihre Kinder angestrebt und eine angemessene Vorbereitung auf den nächsten Lebensabschnitt ihrer Kinder eingeleitet wird. Diese Überzeugungsarbeit soll durch eine Vielzahl von Einzel- und Gruppengesprächen mit den Eltern im Vorfeld realisiert werden.

Das Image des Kindergartens wird durch eine attraktive und hochwertig gestaltete Aufmachung des Printmaterials gepflegt. Ein Verlinken der Homepage mit anderen Websites des Hildesheimer Netzwerks wird seinen Beitrag zu einer guten Positionierung am Markt leisten. Die Homepage hat sich an den gehobenen Ansprüchen der Kundinnen und Kunden zu orientieren. Giveaways und die Auslage einer Broschüre an ausgewählten Orten wie beispielsweise in Hildesheimer Bildungseinrichtungen, Sportvereinen, Firmen und Geschäften sollen einen weiteren Beitrag zur Einführung am Markt liefern.

8.2 Absatzkonzept

Durch strategisch gut durchdachte und zielgerichtet positionierte Werbemaßnahmen, gemeinsame Gespräche mit den Erziehungsberechtigten im Beisein ihrer Kinder, Besichtigungsangebote und Schnupperkletterprojekte wird das vielseitige Angebot bei laufendem Betrieb veröffentlicht. Angestrebt wird auch die Zusammenarbeit mit Einrichtungen, die mit unter Dreijährigen arbeiten (Kinderkrippen), um hier bereits eine frühzeitige Vernetzung auf den Weg zu bringen. Der Endpreis für die Betreuung eines Kindes liegt bei 466,91 € pro Monat. Der Preis für die erbrachte Leistung bleibt bezahlbar, der erlebnispädagogische Nutzwert ist aber so kalkuliert, dass er qualitativ etwas über dem zu entrichtenden Entgelt-Wert liegt.

Auf diese Weise könnte sich ein guter Leumund der Einrichtung entwickeln, der über eine positive soziale Einschätzung in der Öffentlichkeit zu einem erhöhten Ansehen führt. Jedes private Dienstleistungsgewerbe arbeitet gewinnorientiert. Der bereits in einem etwas höheren Preissegment angesiedelte Betreuungspreis ist dennoch zu Ungunsten einer hohen Gewinnerwartung zunächst bewusst sehr knapp kalkuliert worden, um die Markteintrittschancen zu erhöhen.

Das Konzept zielt darauf ab, zunächst einmal Qualität etwas unter Preis zu verkaufen, um dann später, nachdem eine Akzeptanz erzielt worden ist, eventuell auch die Betreuungssätze schrittweise anheben und die Gewinnerwartung etwas hochschrauben zu können.

8.3 Absatzförderung

Die Zielgruppe besteht aus Eltern mit Kindern zwischen drei und sechs Jahren, die aus unterschiedlichen Gründen einen Betreuungsplatz für ihr Kind in Anspruch nehmen wollen. Die Gründe könnten in ihren beruflichen Verpflichtungen, dem Wunsch, ihren Kindern ein soziokulturelles Umfeld und altersgerechtes Anregungsmilieu zu bieten oder auch dem Bewegungsdrang ihrer Kinder Raum zu verschaffen, liegen.

Das Absatzförderungskonzept kann greifen, indem zuträgliche Bereuungszeiten angeboten werden, die den beruflichen Verpflichtungen der Eltern entgegenkommen. Qualitativ hochwertige Entwicklungsberichte und Beobachtungsbögen spiegeln dann quartalsmäßig die sozialen und motorischen Gegebenheiten ihrer Kinder wider, so dass sich die Eltern ein Bild über ihre Kinder in dem sozialen Lernumfeld des Kindergartens verschaffen können. Das spezielle Angebot für Kinder mit ADHS bedarf eines guten Kontaktes zu Psychologinnen, Psychologen, Ärztinnen und Ärzten der Region. Diese Vernetzung könnte auf Dauer die Anmeldungen von ADHS Kindern fördern.

Die wissenschaftliche Qualifikation der Leiterin und ihres Personals stehen als Garant für eine funktionierende Umsetzung des Vorhabens.

9. Team, Management und Personal

Für die Zusammenstellung eines effizienten und effektiv arbeitenden Teams sollten bestimmte Regeln beachtet werden. Eine gute informelle Zusammenarbeit kann im Team nur gelingen, wenn die Mitglieder von ihrer Persönlichkeitsstruktur zueinander passen. Hierzu könnten kurze von Gründerin zu entwickelnde Interaktionstests bei Einstellungsgesprächen dienlich sein. Durch diese Tests ließe sich ein auf den Charaktereigenschaften basierendes erhöhtes Konfliktpotenzial vermeiden. Es ist beabsichtigt, potenzielle BewerberInnen in einer Rekrutierungsveranstaltung und einem eigens hierfür auszurichtenden Workshop aktiv anzusprechen.

Auch die Beschäftigung von Praktikanten und Praktikantinnen sowie der frühzeitige Einbezug von Studenten und Studentinnen der Fachrichtung bei laufendem Betrieb birgt ein geeignetes Rekrutierungspotenzial für eine eventuelle zukünftige Erweiterung des Personalbestandes. Um für beide Seiten eine Win-Win-Konstellation zu schaffen, sollten die Praktikantinnen und Praktikanten in jedem Fall nicht ohne Entlohnung auskommen.

Ein Führungsstil, der die Kooperation zwischen Leitung und Personal in den Mittelpunkt stellt, hat nach Meinung der Autorin die besten Erfolgsaussichten auch im Hinblick auf eine anzustrebende Arbeitszufriedenheit der Belegschaft.

> *„Allgemein hat sich die kooperative Führung weitgehend durchgesetzt. Die Gründer und Mitarbeiter sollen als Team funktionieren. Übertragung von Verantwortung, Schaffung von Handlungsspielräumen und verstärkte Kommunikation zwischen Vorgesetzten und Mitarbeitern sind Elemente dieses Führungsstils."* (Fischl / Wagner, 2011, S. 71)

Sympathie, Auftreten und Ausstrahlung spielen im Bereich der sozialen Dienstleistung eine bedeutende Rolle.

> *„Gerade bei jungen Unternehmen ist die Auswahl der Mitarbeiter für das Unternehmen von großer Bedeutung. Unternehmerisches Denken und Handeln sind Voraussetzung für eine mögliche erfolgreiche Entwicklung eines (nicht nur) jungen Unternehmens. Gleichzeitig haben hier die Mitarbeiter die Möglichkeit, eigene Vorstellungen einzubringen und sich selbst zu verwirklichen."* (Fischl / Wagner, 2011, S. 65)

Zur Sicherstellung einer weitreichenden Motivation des Personals soll gerade auch in der Anfangszeit ein finanzieller Anreiz dienen. Dieser wird auf der Basis der Entgeltgruppen nach dem Tarifvertrag für den öffentlichen Dienst, Sozial- und Erziehungsdienst für Sozialpädagogen (S11) berechnet. Dem Einstiegsgehalt auf

Stufe 1 entsprechen 2435,64 € Brutto. Im Folgejahr findet eine Erhöhung des Gehalts auf Stufe 2 statt, somit steigt das Bruttogehalt auf 2753,33 € an. Die Leiterin des Kindergartens wird für ihren Mehraufwand für die administrativen Aufgaben mit einem 500 $\frac{€}{Monat}$ Bonus entlohnt. ErzieherInnen würden nach TVöD S6 bezahlt und daher im Monat ca. 275 € brutto im ersten Jahr und 381 € brutto im zweiten Jahr weniger verdienen. Die Autorin hat sich bewusst gegen eine kurzfristige variable Vergütung mit einem Jahresbonus oder Mitarbeiterbeteiligungsmodelle entschieden, weil sie davon ausgeht, dass eine gutbezahlte Festeinstellung ein größeres Interesse der Belegschaft am Betrieb hervorruft. Auf der Basis dieser Betrachtungen ergeben sich in den ersten drei Jahren folgende Kosten:

Tabelle 1:(Vorlage: Fischl / Wagner, 2011)

	1. Geschäftsjahr	2. Geschäftsjahr	3. Geschäftsjahr
1 Leitung (+ 500 €) Bonus	35.227,68	39.039,96	39.039,96
3 MitarbeiterInnen	87.683,04	99.119,88	99.119,88
Insgesamt	122.910,72	138.159,84	138.159,84

10. Stärken, Schwächen, Chancen und Risiken

Die folgende tabellarische SWOT-Analyse thematisiert die Stärken und Schwächen der Gründungsidee (Spalte 1 und 2). Hieraus ergeben sich Möglichkeiten zur Abschätzung der Chancen und Risiken des Vorhabens (Spalte 3 und 4).

	Stärken	Schwächen	Chancen	Risiken
Markt	Durch Spezialangebote und akademisches Personal: Hohes Nachfragepotenzial.	Keine automatische Förderung durch öffentliche Mittel. Individuelle Beantragung nötig.	Eigenständigkeit bietet geeignete Vernetzungsmöglichkeiten. Wissenschaftliches Arbeiten durch Kontakt zur Hochschule.	Eigene Haftungsverpflichtung der Gründerin, demographischer Wandel→niedrige Geburtenrate.
Geschäftsidee	Innovativ, einzigartig in Deutschland. Bewegungspädagogische Schwerpunktsetzung im frühkindlichen Bereich.	In Hildesheim keine vergleichbaren Einrichtungen.	Etablierung einer neuartigen sozialen Dienstleistung.	Vorreiterposition auf dem Markt, keine Richtwerte vorhanden.
Zielgruppe	Eltern mit individuellen Bertreuungswünschen für ihre Kinder, Eltern mit ADHS-Kindern.	Liquidität der Klientel ist Voraussetzung.	Verbesserung der Fein-und Grobmotorik der Kinder. Handlungsorientiertes Lernen fördert Persönlichkeitsbildung.	Eltern können die pädagogische Dienstleistung nicht bezahlen.
Preis	Gutes Preis-Leistungsverhältnis.	Finanzielle Liquidität besteht nur bei Besserverdienern.	Stärkere Privatisierung der Kindergartenlandschaft in der Stadt Hildesheim.	Zu geringe Anmeldezahlen.
Kapital	Eigenkapital in Höhe von 9.000 € + Kredit in Höhe von 70.000 €.	Es muss ein Bankkredit aufgenommen werden.	Das Unternehmen wirtschaftet autark.	Die Gewinne müssen in den ersten drei Jahren investiert werden.
Wettbewerb	Keine Konkurrenz aufgrund der Neuartigkeit des Konzeptes.	Plagiatgefahr	Erster Anbieter am Markt.	Plagiatoren haben Marktvorteile.
Räumlichkeiten	Geeignete Immobilien sind vorhanden.	Aufwendige Außengeländearbeiten erforderlich. Muss Platz für den Niedrig- und Hochseilgarten bieten.	Bietet den Kindern ein hohes Maß an Bewegungsfreiheit.	Potenzielle Nachbarschaft könnte sich über Lärm beschweren.
Standort	Urbanes Umfeld.	Bedingt durch das Wohnumfeld → höherer Mietzins.	Standortbezogene Neukundengewinnung möglich. Nutzung des Niedrig- und Hochseilgartens für weitere Interessenten.	Hohe Wohnungsdichte am Standort.
Erreichbarkeit	Gute Verkehrsanbindung.	Eventuell ist die Bushaltestelle zu weit vom Standort entfernt, Weg zu Fuß nötig.	Zentrale Lage.	Schlechte Parkmöglichkeiten beim Bringen und Abholen der Kinder.
Persönlichkeit der Gründerin	Hohes soziales Engagement, betriebswirtschaftliches „Know How".	Ungeduld bezüglich formaler Akte.	Kreatives pädagogisches Potenzial, Rentabilitätsbewusstsein.	Substitution im Krankheitsfall nur schwierig möglich.
Branchenerfahrung der Gründerin	Praktische erlebnisorientierte Erfahrungen der Gründerin. Studienbegleitende Praktika.	Keine Erfahrungen im privatwirtschaftlichen Gewerbe.	Etablierung einer neuen pädagogischen Richtung.	Fehleinschätzung der Klientel.
Kompetenz des Teams	Studiertes Fachpersonal im sozialpädagogischen Bereich mit erlebnispädagogischer Zusatzausbildung.	Finden zueinander passender Teammitglieder zu Beginn.	Nutzen der individuellen Talente der MitarbeiterInnen.	Schwierigkeiten bei der Umsetzung des theoretischen Fachwissens in die Praxis.
Mitarbeiter	Kompetentes und motiviertes Personal (incl. der Praktikantinnen und Praktikanten.	Erhöhte pädagogische und sportpädagogische Anforderungen an das Personal.	Mitwirkungsmöglichkeiten bei der Entwicklung und Etablierung eines neuen Unternehmens.	Schwierigkeiten im Team aufgrund von Kompetenzdivergenzen.

Kontakte und Netzwerke	Sehr gute Beziehungen zu ansässigen sozialen Vereinen, Firmen und zur Hochschule.	Anfallende Kosten für die Leistungen von Drittunternehmen (z.B. Cluster Sozialagentur)	Hoher Vernetzungsgrad erhöht die Markteintrittschancen und sichert langfristig die Qualität der Unternehmung.	Dozenten und Dozentinnen wechseln den Standort, Netzwerkverbindungen reißen ab.
Konjunkturelle und wirtschaftliche Rahmenbedingungen	Ausbau der Kindergartenlandschaft in der Stadt Hildesheim.	Geringe finanzielle Förderung durch die Kommune.	Temporäre politische Rahmenbedingungen begünstigen das Gründungsvorhaben.	Zukünftige Entwicklungsrichtung nur schwierig vorhersehbar.
Gesetzliche Bestimmungen	Den gesetzlichen Rahmenbedingungen wird entsprochen.	Sondergenehmigungen erforderlich.	Vorschriften für den Betrieb Einrichtungen werden gelockert.	Weitere Auflagen für Sondergenehmigungen

Tabelle 2

11. Die Drei-Jahres-Planung

Die folgende Tabelle liefert einen Überblick, wie sich die Ausgaben innerhalb der ersten drei Jahre nach der Gründung gestalten könnten:

Betrieblicher Aufwand	1. Geschäftsjahr				
	1. Quartal	2. Quartal	3. Quartal	4. Quartal	Gesamt
Miete / Pacht incl. Nebenkosten	9.000,00	9.000,00	9.000,00	9.000,00	36.000
Laufende Fahrzeugkosten	300,00	300,00	300,00	300,00	1.200
Werbekosten	300,00	300,00	300,00	300,00	1.200
Reisekosten und Spesen	50,00	50,00	50,00	50,00	200
Kommunikationskosten	90,00	90,00	90,00	90,00	360
Versicherungen/Beiträge/Gebühren	510,00	510,00	510,00	510,00	2.040
Beratungskosten / Buchhaltung	375,00	375,00	375,00	375,00	1.500
Investitionen*	3.750,00	3.750,00	3.750,00	3.750,00	15.000
Personalkosten	30.727,68	30.727,68	30.727,68	30.727,68	122.911
Umbauten	960,00	960,00	960,00	960,00	3.840
Essen für die Kinder**	4.500,00	4.500,00	4.500,00	4.500,00	18.000
Ausflüge	2.400,00	2.400,00	2.400,00	2.400,00	9.600
Büro, Computer und Software	210,00	210,00	210,00	210,00	840
Finanzieller Rückhalt (Puffer)	2.550,00	2.550,00	2.550,00	2.550,00	10.200
Summe Aufwand	55.723	55.723	55.723	55.723	**222.891**

Betrieblicher Aufwand	2. Geschäftsjahr				
	1. Quartal	2. Quartal	3. Quartal	4. Quartal	Gesamt
Miete / Pacht incl. Nebenkosten	9.000,00	9.000,00	9.000,00	9.000,00	36.000
Laufende Fahrzeugkosten	300,00	300,00	300,00	300,00	1.200
Werbekosten	255,00	255,00	180,00	180,00	870
Kommunikationskosten	90,00	90,00	90,00	90,00	360
Versicherungen/Beiträge/Gebühren	510,00	510,00	510,00	510,00	2.040
Beratungskosten / Buchhaltung	375,00	375,00	375,00	375,00	1.500
Investitionen*	1.500,00	1.500,00	1.500,00	1.500,00	6.000
Personalkosten	34.539,96	34.539,96	34.539,96	34.539,96	138.160
Umbauten	600,00	600,00	600,00	600,00	2.400
Essen für die Kinder	4.500,00	4.500,00	4.500,00	4.500,00	18.000
Ausflüge (20 € / Monat / Kind)	2.400,00	2.400,00	2.400,00	2.400,00	9.600
Büro, Computer und Software	180,00	180,00	100,00	100,00	560
Finanzieller Rückhalt (Puffer)	2.550,00	2.550,00	2.550,00	2.550,00	10.200
Summe Aufwand	56.800	56.800	56.645	56.645	**226.890**

Betrieblicher Aufwand	3. Geschäftsjahr				
	1. Quartal	2. Quartal	3. Quartal	4. Quartal	Gesamt
Miete / Pacht incl. Nebenkosten	9.000,00	9.000,00	9.000,00	9.000,00	36.000
Laufende Fahrzeugkosten	300,00	300,00	300,00	300,00	1.200
Werbekosten	180,00	180,00	180,00	180,00	720
Kommunikationskosten	90,00	90,00	90,00	90,00	360
Versicherungen/Beiträge/Gebühren	510,00	510,00	510,00	510,00	2.040
Beratungskosten / Buchhaltung	375,00	375,00	375,00	375,00	1.500
Investitionen	750,00	750,00	750,00	750,00	3.000
Personalkosten	34.539,96	34.539,96	34.539,96	34.539,96	138.160
Umbauten	270,00	270,00	270,00	270,00	1.080
Essen für die Kinder	4.500,00	4.500,00	4.500,00	4.500,00	18.000
Ausflüge	2.400,00	2.400,00	2.400,00	2.400,00	9.600
Büro, Computer und Software	100,00	100,00	100,00	100,00	400
Finanzieller Rückhalt (Puffer)	2.550,00	2.550,00	2.550,00	2.550,00	10.200
Summe Aufwand	55.565	55.565	55.565	55.565	**222.260**

Tabelle 3 (Vorlage: Fischl / Wagner, 2011)

11.1 Kapitalbedarfsplan

Zur finanziellen Abschätzung des Kapitalbedarfs und für einen Überblick in Bezug auf den finanziellen Bedarf der Gründung dient eine Vorveranschlagung erforderlichen Fremdkapitals:

	1. Geschäftsjahr	2. Geschäftsjahr	3. Geschäftsjahr
1. Langfristige Investitionen			
Büro, Computer, Software	840	560	400
Investitionen	15.000	6.000	3.000
Kommunikationskosten	360	360	360
Werbekosten	1.200	870	720
Fahrzeuge	1.200	1.200	1.200
Versicherungen/Beiträge/Gebühren	2.040	2.040	2.040
Beratungskosten/Buchhaltung	1.500	1.500	1.500
Ausflüge	9.600	9.600	9.600
Essen für die Kinder	18.000	18.000	18.000
Finanzieller Rückhalt (Puffer)	10.200	10.200	10.200
Gesamt	59.940	50.330	47.020
2. Kurzfristige Investitionen			
Investitionen	6.000	3.000	3.000
Gesamt	6.000	3.000	3.000
3. Betriebsmittel			
Personalkosten	122.911	138.160	138.160
Umbauten	3.840	2.400	1.080
Miete / Pacht incl. Nebenkosten	36.000	36.000	36.000
Gesamt	162.751	176.560	175.240
4. Gründungskosten			
Genehmigungen, Notar	1.500	1.500	1.500
Gesamt	1.500	1.500	1.500
5. Privatentnahme	3.000	3.000	3.000
Gesamter Kapitalbedarf	233.191	234.390	229.760

Tabelle 4: (Vorlage: Fischl / Wagner, 2011)

Lebenshaltungskosten der Gründerin:

Die Gründung einer privaten Unternehmung macht nur dann Sinn, wenn sie auch die Lebenshaltung der Gründerin minimal bedienen kann. Ein Plan über ihre zukünftigen Lebenshaltungskosten liefert hier Klarheit.

Lebenshaltungskosten	
Betrag pro Monat	
alle Beträge in € brutto d.h. mit Umsatzsteuer	
Wohnen	**770**
Miete / Hypothekenrate	600
Mietnebenkosten (Energie, Müllabfuhr u.a.)	100
Kosten für Instandhaltung und Reparaturen	70
Kommunikation	**60**
Telefon (Festnetz, mobil), Internet	40
TV (Kabelgebühren, GEZ u.a.)	20
Mobilität	**550**
Kfz-Steuern und Versicherung	500
Inspektionen / Reparaturen	30
Bahn / Bus	20
Private Versicherungen / Finanzen	**580**
Kranken- / Pflegeversicherung	250
Private / Gesetzliche Rentenversicherung	30
Freiwillige Weiterversicherung in der Arbeitslosenversicherung	0
Sonstige Versicherungen	50
Kreditraten für Autofinanzierung o. Ähnliches	200
Sparverträge	50
Haushalt	**470**
Lebensmittel, Haushaltsbedarf	350
Kleidung, Schuhe	70
Möbel, Hausrat	50
Kinder	**0**
Schulkosten Kinderbetreuung (Nachhilfe, Kindergarten u.a.)	0
Taschengeld	0
Sonstiges	**170**
Hobby, Freizeit, Urlaub	100
Zeitungen, Literatur	40
Vereinsbeiträge, Spenden	30
Unterhaltszahlungen	0
Steuernachzahlungen aus den Vorjahren	0
Sonstige Kosten für diverse Kleinanschaqffungen	100
Kosten Gesamt	2600
abzüglich private Einnahmen	
- Mieteinnahmen	0
- Unterhalt	0
- Kindergeld, Elterngeld	0
- Rente, sonstige Versorgungsleistungen	0
- Einkommen aus anderweitiger Beschäftigung	0
- Einkommen des Partners	0
- Sonstige Einnahmen	0
Einnahmen Gesamt	0
Kosten abzgl. Einnahmen = durchschnittliche monatliche Privatentnahme	0

Tabelle 5

Der ermittelte Betrag von 2600 € liegt im Mittel der ersten drei Jahre um 550 € unter dem in Tabelle 1 anvisiertem Verdienst, entspricht also den Vorgaben.

11.2 Finanzplanung und Förderung

	1. Jahr 1.- 4. Quartal	2. Jahr 1.- 4. Quartal	3. Jahr 1.- 4. Quartal
Finanzierungsbedarf gesamt	**30.000**	**30.000**	**30.000**
1. Eigenmittel (zinsfrei)	3.000	3.000	3.000
Eigenleistungen	2.000	2.000	2.000
Privatdarlehen	5.000	5.000	5.000
Einnahmen aus Betriebsertrag	3.600	3.600	3.600
Unternehmensgewinn aus dem Vorjahr	0	10.200	10.200
Summe	**13.600**	**23.800**	**23.800**
2. Fremdmittel (zinsgebunden)	23.333	23.333	23.333
Effektiver Zinssatz (Schätzung ca. 5 %)	-1.200	-1.200	-1.200
Tilgung (Schätzung ca. 2 %)	-500	-500	-500
Summe	**21.633**	**21.633**	**21.633**
Überdeckung	**5.233**	**15.433**	**15.433**

Mit dem kalkulierten positiven Puffer aus dem Finanzierungsbedarf soll gerade in den ersten drei Jahren nach Gründung ein zusätzlicher finanzieller Rückhalt für unvorhersehbare Ausgaben bereit gestellt werden.

11.3 Liquiditätsplan

	1. Geschäftsjahr				2. Geschäftsjahr				3. Geschäftsjahr			
	1. Quartal	2. Quartal	3. Quartal	4. Quartal	1. Quartal	2. Quartal	3. Quartal	4. Quartal	1. Quartal	2. Quartal	3. Quartal	4. Quartal
Saldo des Vorquartals	0	8.464	16.928	25.329	33.793	43.730	53.667	63.759	76.851	84.023	95.195	106.367
1. Zuflüsse / Einnahmen	900	900	900	900	900	900	900	900	900	900	900	900
1.1 Umsatz	56.029	56.029	56.029	56.029	56.029	56.029	56.029	56.029	56.029	56.029	56.029	56.029
1.2 Eigenmittel	3.400	3.400	3.400	3.400	5.950	5.950	5.950	5.950	5.950	5.950	5.950	5.950
1.3 Fremdmittel	5.408	5.408	5.408	5.408	5.408	5.408	5.408	5.408	5.408	5.408	5.408	5.408
1.4 Sonstige Zuflüsse	0	0	0	0	0	0	0	0	0	0	0	0
Summe Liquiditätszugang	65.737	74.201	82.665	91.066	102.080	112.017	121.954	132.046	145.138	152.310	163.482	174.654
2. Auszahlungen	0	0	0	0	0	0	0	0	0	0	0	0
2.1 Investitionen	3.750	3.750	3.750	3.750	1.500	1.500	1.500	1.500	750	750	750	750
2.2 Personalkosten	30.728	30.728	30.728	30.728	34.540	34.540	34.540	34.540	34.540	34.540	34.540	34.540
2.3 Material- & Wareneinkauf	0	0	0	0	0	0	0	0	0	0	0	0
2.4 Betriebl. Ausgaben	21.245	21.245	21.245	21.245	20.760	20.760	20.605	20.605	20.275	20.275	20.275	20.275
2.5 Zinsen	300	300	300	300	300	300	300	300	300	300	300	300
2.6 Tilgung	500	500	500	500	500	500	500	500	500	500	500	500
2.7 Privatentnahmen	750	750	750	750	750	750	750	750	750	750	750	750
2.8 Sonstige Auszahlungen	0	0	0	0	0	0	0	0	0	0	0	0
Summe Liquiditätsabgang	57.273	57.273	57.273	57.273	58.350	58.350	58.195	58.195	57.115	57.115	57.115	57.115
3. Liquiditätssaldo pro Quartal	8.464	16.928	25.329	33.793	43.730	53.667	63.759	76.851	84.023	95.195	106.367	117.539

Der Liquiditätsplan verdeutlicht die stetige Zunahme des positiven Liquiditätssaldos pro Quartal. Hieraus lassen sich erfolgsversprechende Prognosen ableiten.

12. Fazit und Ausblick

Das Thema der Bachelorarbeit weist zwei Komponenten aus unterschiedlichen Bereichen auf, die aufgegriffen und umgesetzt worden sind. Es geht um die pädagogischen Aspekte der Abenteuer- und Erlebnispädagogik und die mehr ökonomischen Ausprägungen eines Business-Plans für die Gründung eines diesbezüglichen Kindergartens.

Auf der Grundlage einer Analyse der pädagogischen Rahmenbedingungen haben sich kreative Ideen mit hohem Innovationsgrad entwickelt. Sowohl die kritische Prüfung der einzelnen pädagogischen Ideen im Hinblick auf ihren Gehalt, als auch die Überprüfung ihrer strukturellen Widerspruchsfreiheit führten subsummierend zu dem Ergebnis, dass auf der pädagogischen Seite viele Prinzipien aus den Erziehungs-wissenschaften nicht nur Berücksichtigung fanden, sondern sich auch strukturell in geeigneter Weise sachlogisch ergänzten.

Die Umsetzung dieser Ideen in die Praxis eines abenteuer- und erlebnispädagogischen Kindergartens ist allerdings mit erheblichen Kosten verbunden. Hier lässt sich feststellen, dass sich gerade die Realisierung des entwickelten bewegungspädagogischen Konzeptes als ausgesprochen kostenintensiv erweist. Dies gilt auch für das hierfür benötigte Fachpersonal. Eine Betrachtung der ökonomischen Seite des Vorhabens ist unerlässlich und spiegelt sich auch schon im zu behandelnden Thema wider.

Die Autorin vertrat vor der Durchführung ihrer Untersuchungen die auf wenig Datenmaterial basierende Auffassung, die Kosten für eine derartige Einrichtung könnten sich als limitierender, vielleicht sogar „no go"-Faktor erweisen. Die Entwicklung eines fiktiven Business-Plans, der sich auch in die Praxis übertragen ließe, versprach ihr eine Aussicht auf einen geeigneten Überblick.

Die Interpretation des aufgestellten Planes, der eine von ihr vorher nie geahnte ökonomische Detailliertheit aufweist, belehrte sie eines Besseren. Ökonomisch zeichnete sich ab, dass mit der Gründung gewinnbringend gewirtschaftet werden kann, sofern sie sich auf Standorte mit hohen Realisierungschancen bezieht. Mögliche Standorte sind insbesondere mit Bezugnahme zum Konzept auch solche, die eine Zusammenarbeit mit einer erziehungswissenschaftlichen Hochschule bieten.

Die Chancen des zu gründenden Kindergartens und die hiermit verbundenen Risiken sind kalkulierbar. Die kreierten Ideen stellen nur den Grundstock für ein System dar, mit dem eine ganzheitliche Entwicklung der Kinder erzielt werden könnte. Dieser Grundstock ist auch im Zusammenhang mit neuen Erkenntnissen in den Erziehungswissenschaften jederzeit ausbaufähig bzw. im Rahmen einer

Vergrößerung der Einrichtung aufzustocken. Hier bleiben zukünftige Entwicklungen abzuwarten.

Die Beschäftigung mit dem Thema der Arbeit erwies sich für die Autorin in jedem Fall als gewinnbringend. Anfänglich ungewohnt war die Überlappung des Bereichs der Pädagogik mit dem der Ökonomie. Gerade hierin lag aber der Spannungsbogen, der ihr letztlich viel Freude bereitete.

13. Literaturverzeichnis

Bauer, Hans (2001): Erlebnis- und Abenteuerpädagogik – Eine Entwicklungsskizze, 6., überarbeitete und erweiterte Auflage, München.

Becker, Peter, Braun / Karl-Heinz (2007): Abenteuer, Erlebnisse und die Pädagogik – Kulturkritische und modernisierungstheoretische Blicke auf die Erlebnispädagogik, Warschau.

Berthold, Magrit / Ziegenspeck, Jörg W. (2002): Der Wald als erlebnispädagogischer Lernort für Kinder, hrsg. von Prof.Dr.phil Jörg Ziegenspeck, Lüneburg.

Birnthaler, Michael (2008): Erlebnispädagogik und Waldorfschulen, 1. Auflage, Stuttgart.

Bischof-Köhler, Doris (2006): Von Natur aus anders. Die Psychologie der Geschlechterunterschiede, 3., überarbeitete und erweiterte Auflage, Stuttgart.

Bundesministerium für Wirtschaft und Technologie (2010): Starthilfe – Der erfolgreiche Weg in die Selbstständigkeit, 35. Überarbeitete Auflage, Berlin.

Dittrich, Irene / Grenner, Katja / Groot-Wilken, Bernd / Sommerfeld, Verena / Viernickel, Susanne (2004): Pädagogische Qualität entwickeln. Praktische Anleitung und Methodenbausteine für Bildung, Betreuung und Erziehung für Kinder von 0-6 Jahren, Weinheim.

Fischer, Thorsten, Ziegenspeck (2000): Handbuch Erlebnispädagogik – Von den Ursprüngen bis zur Gegenwart, Regensburg.

Fischl, Bernd / Wagner, Stefan (2011): Der perfekte Businessplan. So überzeugen Sie die Banken und Investitoren, 2. Auflage, München.

Gilsdorf, Rüdiger (2004): Von der Erlebnispädagogik zur Erlebnistherapie. Perspektiven erfahrungsorientierten Lernens auf der Grundlage systematischer und prozessdirektiver Ansätze, Bergisch Gladbach.

Gumpold, Martin (2010): Interventionsmöglichkeiten der naturnahen Erlebnispädagogik bei Kindern mit ADHS (Aufmerksamkeitsdefizit Hyperaktivitätsstörung), Saarbrücken.

Hebig, Michael (2004): Existenzgründungsberatung – Steuerliche, rechtliche und wirtschaftliche Gestaltungshinweise zur Unternehmensgründung, 5. Überarbeitete Auflage, Berlin.

Hebenstreit, Sigrund (2008): Bildung im Elementarbereich. Die Bildungspläne der Bundesländer der Bundesrepublik Deutschland, Rheinland.

Heckmair, Bernd, Michl / Werner (2008): Erleben und Lernen - Einführung in die Erlebnispädagogik, 6., überarbeitete Auflage, München.

Heckmair, Bernd, Michl/Werner, Walser/Ferdinand (1995): Die Wiederentdeckung der Wirklichkeit – Erlebnis im gesellschaftlichen Diskurs und in der pädagogischen Praxis, 1. Auflage, München.

Hofert, Svenja (2010): Praxisbuch Existenzgründung – Erfolgreich selbstständig werden und bleiben, 2. Auflage, Frankfurt am Main.

Henting, H. von (1992): Ein Ort an dem man mit einem Stück Natur leben kann – Verlassene Wege zur Natur. Impulse für eine Neubestimmung, Witzenhausen.

Knauf, Helen (2009): Frühe Kindheit gestalten. Perspektiven zeitgemäßer Elementarbildung, Stuttgart.

Koch, Josef, Rose/Lotte (2003): Bewegungs- und körperorientierte Ansätze in der Sozialen Arbeit, Hemsbach.

Kollmann, Tobias (2009): Gabler Kompakt-Lexikon. Unternehmensgründung, 2., überarbeitete und erweiterte Auflage, Wiesbaden.

Köppel, Monika (2009): Existenzgründung in der Sozialen Arbeit – Soziale Arbeit als selbstständiger Leistungsbringer. Ein einführender Leitfaden zur Firmen- und Praxisgründung, 2. Auflage, Düsseldorf.

Lakemann, Ulrich (2005): Wirkungsimpulse von Erlebnispädagogik und Outdoor-Training. Empirische Ergebnisse aus Fallstudien, 1. Auflage, Augsburg.

Lang, Thomas (2006): Kinder brauchen Abenteuer, 3. Auflage, München.

Lienert, Sonja / Sägesser, Judith / Spiess, Heidi (2010): Bewegt und selbstsicher. Psychomotorik und Bewegungsförderung in der Eingangsstufe, 1. Auflage, Zürich.

Lausberg, Michael (2007): Kinder sollen sich selbst entdecken – Die Erlebnispädagogik Kurt Hahns, Marburg.

Meffert, Heribert (2000): Grundlagen marktorientierter Unternehmensführung. Konzepte – Instrumente – Praxisbeispiele, 9. Auflage, Wiesbaden.

Meier-Gantenbein, Karl F. (2000): Ermöglichen statt erziehen – Bausteine einer erlebnispädagogischen Didaktik, Freiburg.

Michl, Werner (2009): Erlebnispädagogik, München.

Merk, Richard (1997): PädagogInnen machen sich selbstständig: Anregungen zur Existenzgründung, Berlin.

Neubert, Waltraut (1990): Das Erlebnis in der Pädagogik (Schriften – Studien – Dokumente zur Erlebnispädagogik), Band 7, Lüneburg.

Opoczynski, Michael (2006): Existenzgründung, Frankfurt am Main.

Ossola-Haring, Claudia (2001): Checklisten für Existenzgründer, Landsberg.

Pepels, Werner (1999): Marketingstrategie und Rechtsrahmen, Bd. 7, Köln.

Peters, Sönke / Brühl, Rolf / Stelling, Johannes N. (2000): Betriebswirtschaftslehre, 10. Überarbeitete und erweiterte Auflage, München.

Riexinger, Klaus (1999): Misere erreicht Sportvereine. In: Der Sonntag in Freiburg, 31.1.1999.

Scheibe-Jaeger, Angela (1999): Existenzgründung in der sozialen Arbeit: Persönlichkeits-Check, richtig vorgehen, Schritt für Schritt, Marktnieschen, Marktchancen, Regensburg.

Schott, Thomas (2009): Kritik der Erlebnispädagogik, 2. ergänzte und überarbeitete Auflage, Würzburg.

Stascheit (2009): Gesetze für Sozialberufe. Textsammlung, 17. Auflage, Baden Baden.

Stüwe, Gerd (1998): >>Tatort<< Erlebnispädagogik – Spurensicherung, Qualifizierung, Einsatzorte, Handwerkszeug, Frankfurt am Main.

Wall, Karl-Heinz (2009): Niedersächsisches Gesetz über Tageseinrichtungen für Kinder, 9. Auflage, Wießbaden.

Weißer, Ulfried (2010): Endlich selbstständig! Ratgeber für die erfolgreiche Existenzgründung, 1. Auflage, München.

Zielke, Björn (2010): Nicht nur Klettern oder Urlaub! Erlebnispädagogik im Lichte der Hirnforschung, Marburg.

Internetquellen:

Statistische Ämter des Bundes und der Länder, Statistik Portal:
Kindertagesbetreuung Regional 2011 – Ein Vergleich aller 412 Kreise in Deutschland, http://www.statistikportal.de/statistik-portal/kita_regional.pdf (letzter Zugriff: 27.04.2012).

Niedersächsisches Kultusministerium:

Lernen braucht Bewegung, http://www.mk.niedersachsen.de/portal/live.phpnavigation_id=26123&article_id=88429&_psmand=8 (letzter Zugriff: 27.04.2012).

Orientierungsplan Niedersachen:

http://www.mk.niedersachsen.de/live/live.php?navigation_id=25428&article_id=86998&_psmand=8 (letzter Zugriff: 27.04.2012).

Kindergartenpädagogik – Online Handbuch:

Textor, Martin R.: Altershomogene Gruppen – eine weitgehend ungenutzte Alternative http://www.kindergartenpaedagogik.de/2184.html, (letzter Zugriff: 27.04.2012).

Männliche Fachkräfte in Kindertagesstätten:
Bundesministerium für Familie, Senioren, Frauen und Jugend: Männliche Fachkräfte in Kindertagesstätten. Eine Studie zur Untersuchung von Männern in Kindertagesstätten und in der Ausbildung zum Erzieher. Ein Forschungsprojekt der Katholischen Hochschule Berlin. http://www.bmfsfj.de/RedaktionBMFSFJ/Broschuerenstelle/PdfAnlagen/maennliche-fachkraefte-kitas,property=pdf,bereich=bmfsfj,sprache=de,rwb=true.pdf, (letzter Zugriff: 27.04.2012).

Krankenhausprojektgesellschaft Schaumburg mbH:

Für eine sichere Gesundheitsversorgung in Schaumburg, http://www.klinik-neubau-schaumburg.de/krankenhaus-neubau/ueber-uns.html, (letzter Zugriff: 29.04.2012).

Waldkindergarten Bückeberg e.V.:

Pützelzwerge, http://www.waldkindergartenbueckeberg.de/derwaldkindergarten/, letzter Zugriff: 29.04.2012).

Bsj Marburg, Förderung bewegungs- und sportorientierter Jugendsozialarbeit:

Zentrum für frühe Bildung, http://www.bsj-marburg.de/, (letzter Zugriff:30.04.2012).

Private Kindertagesstätte Villa Luna:

http://www.villaluna.de/, (letzter Zugriff: 30.04.2012).

Besser Betreut GmbH: Betreut-Report 2011 Kinderbetreuung in Deutschland

http://go.betreut.de/pdf/pressemitteilungen/Betreut-Report_2011.pdf, (letzter Zugriff: 14.05. 2012).

Landesbetrieb für Statistik und Kommunikationstechnologie Niedersachsen:

http://www.nls.niedersachsen.de/Gemeinden/G254021.html, (letzter Zugriff: 20.05.2012).

Öffentlicher Dienst, Sozial- und Erziehungsdienst:

http://oeffentlicher-dienst.info/tvoed/sue/. (letzter Zugriff: 21.05.2012).

Cluster die Sozialagentur:

http://cluster-sozialagentur.de/, (letzter Zugriff: 21.05.2012).

Was ist das Buddy – Prinzip?:

Was ist das Buddy Prinzip? http://www.montessori-hauptschule.de/soziales/-buddy-prinzip, (letzter Zugriff: 30.05.2012).

Studium in der Nische:

http://www.zeit.de/online/2009/28/studium-in-der-nische, (letzter Zugriff: 16.06.2012).

14. Anhang

Ausarbeitungen		**Seite**

A1	Interessengemeinschaft	45
A2	Jahresprojektprogramm („Motto des Monat")	46
A3	Stellenausschreibung	48
A4	Anforderungsprofil	49
A5	Kurze Zusammenfassung der wesentlichen Aspekte des Kindergartenkonzeptes	51
A6	Schaubild: Datenerhebung Männer in Kindertagesstätten	52
A7	Standorte der 27 Kindergärten der Stadt Hildesheim	55

Erläuterungen

E1	Abenteuer- und Erlebnispädagogik	
E2	Betreuungsplätze im Elementarbereich	61
E3	Niedrig- und Hochseilgarten	62
E4	Zeitungsbericht: Auf dem Land bleiben Plätze frei	65
E5	Aktionsrat Bildung: Uniabsolventen in Kindertagesstätten	67
E6	Bewegung und Wahrnehmung	69

Graphiken

G1	Aufbau der Gruppen	70
G2	Zeitlicher Ablauf der Gründungsaktivitäten – Verdeutlichung der Meilensteine in einem Schaubild	71

Ausarbeitung 1 (A1): **Interessengemeinschaften (IG´s)**

Interessengemeinschaften offerieren innerhalb dieses Kindergartens die Möglichkeit, sich den individuellen Interessen vertieft zu widmen. Der Begriff Arbeitsgemeinschaft (AG) wurde bewusst nicht verwendet, da es hier wirklich um die persönlichen Neigungen der Kinder geht, aus denen kein Ergebnis hervorgehen muss. Einmal in der Woche finden sich die Kinder aus den zwei unterschiedlichen altershomogenen Gruppen zusammen. Welche IG jedes einzelne Kind wählen möchte, entscheidet es am Anfang eines jeden Halbjahres eigenständig. Fotos: Von Privat

Sport und Bewegung

Musik und Rythmus

Gestalten und Werken

Natur und Technik

Ausarbeitung 2(A2):

Jahresprojektprogramm ("Motto des Monat")

Das Jahresprojektprogramm bietet einen individuell für den abenteuer- und erlebnispädagogischen Kindergarten zusammengestellten Ablauf. Es berücksichtigt durch seine Aufstellung die vorgegebenen Rahmenbedingungen, die durch die Bildungspläne in Deutschland festgelegt wurden (vgl. Hebenstreit, 2008, S. 12 ff.). Alle Bildungsbereiche, die in den Orientierungsplänen benannt werden, halten Einzug in die pädagogische Umsetzung. Durch den monatlichen Verlauf der unterschiedlichen Bildungsbereiche beschäftigen sich die Kinder jeden Monat mit Themenfeldern, die genau auf ihre Bedürfnisse zugeschnittenen und abgestimmt sind. Jeder Monat eines Kalenderjahres hat diesbezüglich ein spezielles Motto, das den Kern der Beschäftigung bildet. Auch den BetreuerInnen wird hier die Möglichkeit gegeben, ihre Ideen in die Praxis umzusetzen. Die Gestaltung und Ausführung des Monatsthemas ist in ihren Verantwortungsbereich gelegt. Die Monatsthemen bilden eine zeitintensive Beschäftigungsgrundlage. Jeden Monat wird mit den drei- bis sechsjährigen ein Ausflug mit Bezügen zum Monatsthema unternommen, bei dem die Eltern herzlich Willkommen sind.

Die Themengebiete im Überblick mit kurzen Erläuterungen:

Thema des Monats	Inhalt
Tiere und andere Lebewesen	Weltwissen, Forschergeist, ökologisches Bewusstsein entwickeln, Erfahrung mit den „Elementen", Begegnung und Umgang mit Tieren, Ausflug in den Zoo, Tiere im Winter.
Unsere Wälder und Pflanzen	Erleben von Selbstwirksamkeit, Pflanzenkunde, Sammeln und Beobachten, Ausflug in einen Wald oder botanischen Garten.
Flüsse, Gewässer und Ozeane	Experimente mit Wasser, das Phänomen Wasser, Wasser in unserer Umgebung, Ausflug mit Segeloption für die angehenden Schulkinder.
Fremde Länder und Geschichten	Kennenlernen von anderen Kulturen, der Blick über den Tellerrand, Feste und Rituale in anderen Ländern, andere

	Sprachen und Gebräuche, Besuch eines Museums o.ä..
Die Erde und das Weltall	Geologischen und physischen Phänomenen auf der Spur, Bedeutung des Weltalls, der Planet „Erde", Ausflug z. B. in ein Planetarium nach Wolfsburg.
Mathematik und Technik	Gruppieren und Sortieren, Raum und Zeit, Vergleichen, Messen, die ersten Zahlen, Ausflug z.B. in das Phaeno nach Wolfsburg.
Gesundheit und mein Körper	Gesundheit und Ernährung, Körperwahrnehmung, Grob- und Feinmotorik, Besuch eines Wochenmarktes oder Supermarktes, Einladung einer Ärztin / eines Arztes.
Leben auf dem Dorf und in der Stadt	Unterschiede, Gemeinsamkeiten, Vor- und Nachteile, City Bound (Erlebnispädagogik in der Stadt).
Musik, Theater und Kunst	Musikalische- und rythmische Formen, Lieder, Reime Singspiele, Rollenspiele, Landart, Ausflug zu einem in das Themenfeld passenden Ortes.
Zahlen und Buchstaben	Schreiben, das ABC, Zahlenreihen, Besuch einer Grundschule
Leben in und mit der Natur („Soft survival")	Softskills der Erlebnispädagogik wie Feuermachen, Werkzeuge Selbermachen, welche Pflanzen kann man essen? u.v.m.
Sport und Bewegung	Niedrig- und Hochseilgarten, Segeln, Wandern, Bewegungsspiele u.v.m.

Ausarbeitung 3 (A3):   **Stellenausschreibung**

In dem abenteuer- und erlebnispädagogischen Kindergarten ist ab dem _____ die Stelle einer / eines   **Betreuerin / Betreuer**   zu besetzen.

Sie passen gut zu uns, wenn Sie

◊ einen Bachelor- und/oder Masterabschluss in einem frühpädagogischen, erlebnispädagogischen oder erziehungswissenschaftlichen Studiengang oder Soziale Arbeit erworben haben.

◊ sich mit Abenteuer- und Erlebnispädagogischen Handlungsmethoden in Theorie und Praxis auskennen.

◊ Trainerscheine im erlebnispädagogischen Bereich oder vergleichbare Weiterbildungen (z.B. in Klettern, Kanu fahren, Reiten, Segeln) sowie Vorwissen über verschiedene erlebnispädagogische Fachbereiche nachweisen können.

◊ Inhaber des Großen Erste - Hilfe Scheines sowie eines DLRG Rettungsschwimmerscheines (Silber- oder Gold), beide nicht älter als zwei Jahre, sind (obligatorisch).

◊ sowohl eigenständig als auch teamfähig in Ihrer Arbeit sind.

Wir bieten Ihnen

◊ eine vielseitige, unbefristete Vollzeitstelle mit Aufstiegsmöglichkeiten.

◊ eine Kindergartengruppe mit maximal zwanzig Kindern, die von Ihnen mit einem weiteren Erzieher des anderen Geschlechts betreut wird.

◊ Interessante Fort- und Weiterbildungsangebote (interne und externe).

◊ eine Arbeitsstelle, die sich durch ihre bewegungs- und naturverbundenen Aspekte auszeichnet

Ausarbeitung 4 (A4): **Anforderungsprofil**

Anforderungsprofil		
Bezeichnung des Arbeitsplatzes BetreuerIn in einem Abenteuer- und Erlebnispädagogischen Kindergarten		
Persönliche Daten		
(Alter (von – bis; Vorsicht: AGG) -	Schulbildung -	
(Geschlecht, Vorsicht: AGG) -	Ausbildung Bachelor und/oder Master in einem - Frühpädagogischen Studiengang - Soziale Arbeit - Erziehungswissenschaft - Erlebnispädagogik	
(Familienstand, Vorsicht: AGG) -	Sonstige -	
Kenntnisse und Fähigkeiten		
	erwünscht	notwendig
1. — Teamfähigkeit — Verlässlichkeit — Bereitschaft zu inner- und außerbetrieblichen Veranstaltungen		X
2. — Nachweis von Trainerscheinen im erlebnispädagogischen Bereich oder vergleichbare Weiterbildungen (z.B. Klettern, Kanu fahren, Reiten, Wandern, Segeln,) — Ein gewisses Maß an sportlicher Fitness — Affinität zu bewegungsfördernden und sportlichen Aktivitäten		X
3. — Naturverbundenheit — Wissen über ökologische Vorgänge — Baum- und Pflanzenkunde		X
4. Vorwissen über verschiedene erlebnispädagogische Aktivitäten durch Praktika / Arbeit in diesem Bereich		X

5. Kindheitspädagogische Handlungsfelder — Entwicklungspsychologische Kenntnisse — Empirische Sozialforschung — Handlungsorientierte Ansätze in der Arbeit mit Kindern		X
6. Leistungsnachweise in folgenden Bereichen — Großer Erste- Hilfe Schein nicht älter als zwei Jahr — DLRG Rettungsschwimmerschein (Silber- oder Gold)		X
Besondere Voraussetzungen		
Selbstreflektiertes Arbeiten (durch die Reflexion eigenen Handelns soll gewährleistet werden, dass ein stetiges Bemühen zur Qualitätsverbesserung der Einrichtung erkennbar wird)		X
Eigenständiges Arbeiten (Entscheidungsfreudigkeit und Umsetzungskompetenz		X

Ausarbeitung 5 (A5):

Kurze Zusammenfassung der wesentlichen Aspekte des Kindergartenkonzeptes:

- Angewandte Erlebnispädagogik im Bereich der **frühkindlichen Bildung** (Erster AuE Kindergarten im deutschsprachigen Raum). Hier liegt der Fokus auf den Bereichen: Bewegung, Sport, Wahrnehmung, Mitgestalten, Handeln und Hinterfragen.
- Kleinere Kindergruppengröße (20 Kinder pro Gruppe, dadurch ein Betreuungsschlüssel von 1:10).
- **Keine** altersgemischten Gruppen: Mehr Handlungsspielraum, der den Bedürfnissen von Kindern unterschiedlichen Alters gerecht wird. Mit Ausnahme der ein zügigen Krippe.
- Geschlechtsheterogenes studiertes Fachpersonal (BACHELOR oder MASTER in Sozial-, Kindheits- oder Erlebnispädagogik).
- Ausgearbeitete erlebnispädagogisch orientierte Monatsprojekte (siehe Anhang A2, S.46)

Es soll ein abenteuer- und erlebnispädagogischer Kindergarten gegründet werden, der auf die individuellen Bedürfnisse von Kindern ausgerichtet ist und ihr Interesse an bisher vielleicht noch nicht bekannten Aktivitäten weckt.

Die grundlegenden Rahmenbedingungen und gesetzlichen Vorschriften für die Eröffnung dieses Kindergartenbetriebes sind äquivalent zu denen anderer Einrichtungen, in denen Kinder von null bis sechs Jahren betreut werden. Eine grundlegende Neuerung auf der materiellen Ebene stellt die Verwendung von Gerätschaften aus dem erlebnispädagogischen Sektor dar, denen eine besondere Bedeutung zukommt.

Das Fundament der Gründungsidee bilden drei Pfeiler: Im Mittelpunkt steht der Pfeiler einer streng erlebnispädagogischen Konzeption und Ausrichtung. Aktuelle Erkenntnisse aus dem Bereich der frühkindlichen Bildung und wissenschaftliche Theorien werden in sinnhafte Handlungsoptionen transferiert. Flankiert wird er einerseits durch den Pfeiler einer modern gestalteten Personalführung, in der auch konstruktive Kritik und eine geeigneten Evaluation des Geleisteten im Mittelpunkt stehen, andererseits durch den Pfeiler einer speziell auf die Erlebnispädagogik zugeschnittenen materiellen Landschaft.

Die stark zusammengefassten pädagogischen Ziele, die angestrebt werden, sind die Stärkung einer bewussten Wahrnehmung der Umwelt, das Bestehen gruppendynamischer Grenzerfahrungen und das Fördern individuellen Lernens. Bewegungsfördernde, wissenschaftlich ausgereifte Ansätze aus den Bereichen des handlungsorientierten Lernens kommen zur Anwendung. Lernprozesse, in denen die Kinder vor physische, psychische und soziale Herausforderungen gestellt werden, tragen zu einer Erweiterung der Persönlichkeitsentwicklung bei.

Ein integrativer Bestandteil des ganzheitlichen Erziehungs- und Bildungskonzepte der Einrichtung ist das soziale Lernen im Kontext von Erlebnissen und Abenteuern. Die Kinder erleben durch den phänomenologischen Ansatz die Natur und die bewegte Umgebung hautnah und gestalten sie mit. Körperliche Betätigungen in erlebnispädagogischen Sphären tragen zu ihrer Fitness bei.

Ausarbeitung 6 (A6): Schaubild

Datenerhebungen: Männer in Kindergärten

Quellennachweis:

Männliche Fachkräfte in Kindertagesstätten:

Bundesministerium für Familie, Senioren, Frauen und Jugend: Männliche Fachkräfte in Kindertagesstätten. Eine Studie zur Untersuchung von Männern in Kindertagesstätten und in der Ausbildung zum Erzieher. Ein Forschungsprojekt der Katholischen Hochschule Berlin. http://www.bmfsfj.de/RedaktionBMFSFJ/Broschuerenstelle/PdfAnlagen/maennliche-fachkraefte-kitas,property=pdf,bereich=bmfsfj,sprache=de,rwb=true.pdf, (Datum des letzten Zugriffs: 27.04.2012).

Abbildung1: Vertrauen in männliche Erzieher in Kitas

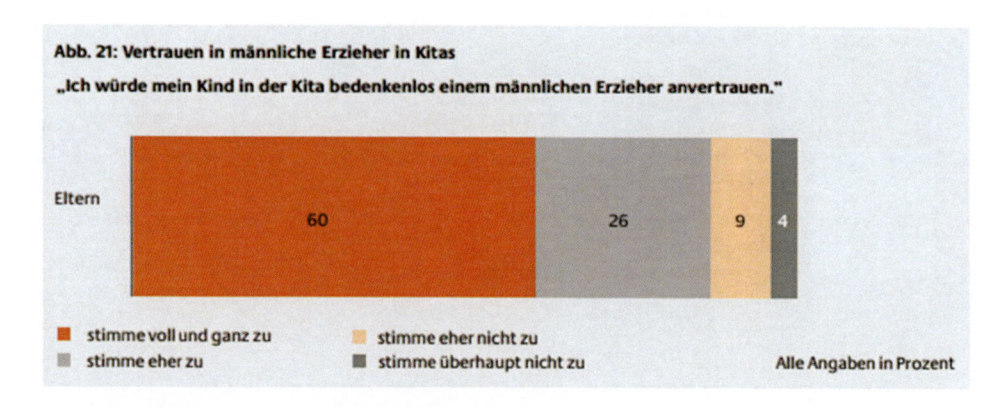

Abb. 21: Vertrauen in männliche Erzieher in Kitas
„Ich würde mein Kind in der Kita bedenkenlos einem männlichen Erzieher anvertrauen."

Eltern: 60 | 26 | 9 | 4

- stimme voll und ganz zu
- stimme eher zu
- stimme eher nicht zu
- stimme überhaupt nicht zu

Alle Angaben in Prozent

Abbildung 2:Skepsis im Hinblick auf männliche Erzieher in Kitas – demographische Unterschiede bei den Eltern

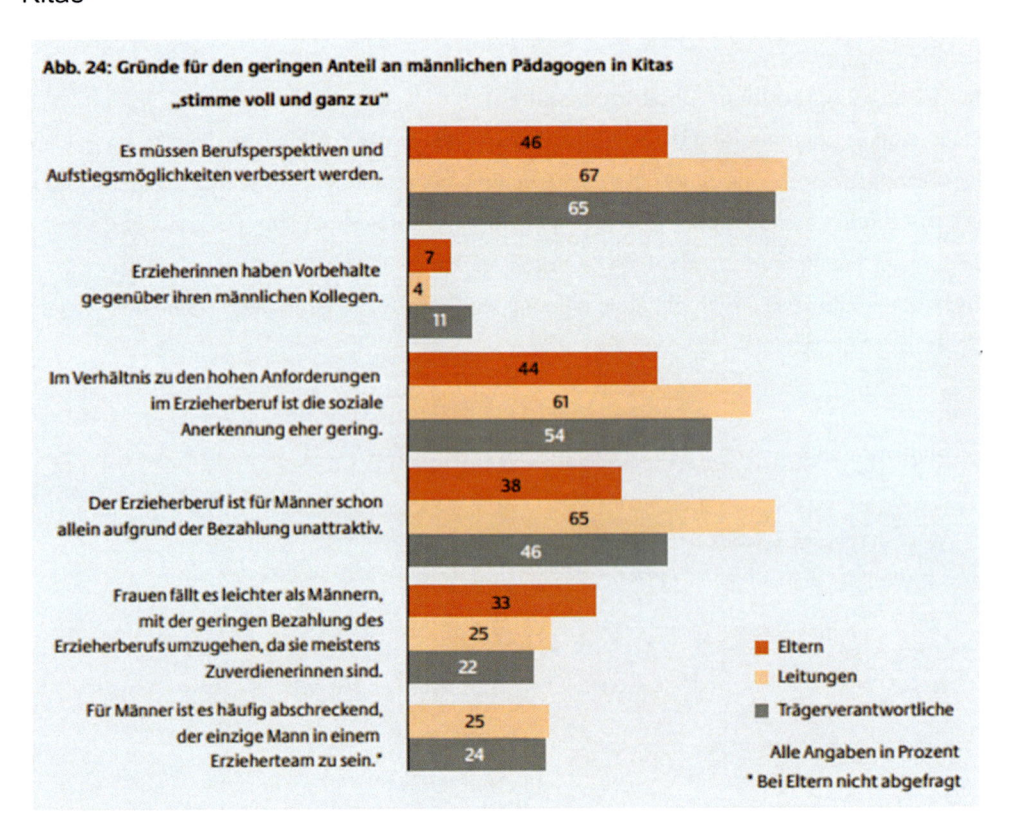

Abb. 23: Skepsis im Hinblick auf männliche Erzieher in Kitas – demografische Unterschiede bei den Eltern

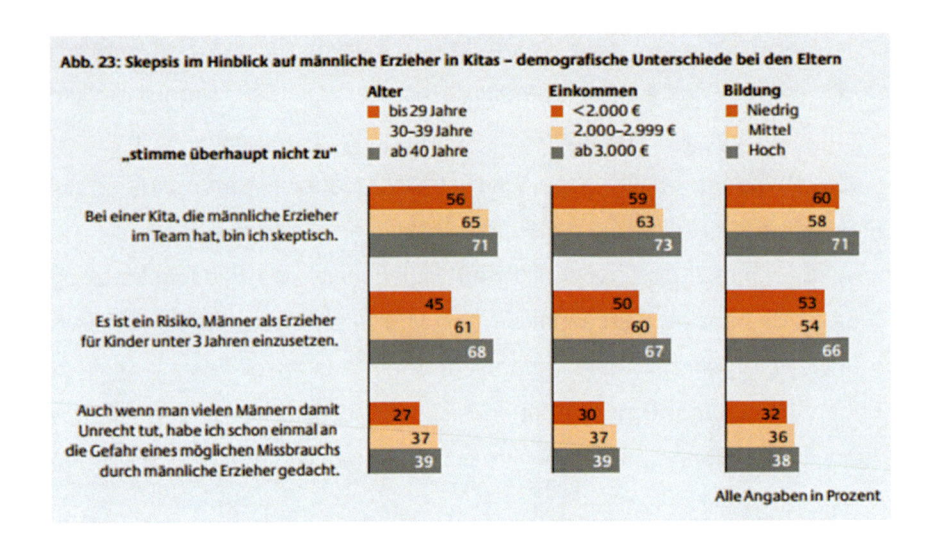

„stimme überhaupt nicht zu"

Alter: ■ bis 29 Jahre ■ 30–39 Jahre ■ ab 40 Jahre
Einkommen: ■ <2.000 € ■ 2.000–2.999 € ■ ab 3.000 €
Bildung: ■ Niedrig ■ Mittel ■ Hoch

Bei einer Kita, die männliche Erzieher im Team hat, bin ich skeptisch.
- Alter: 56 / 65 / 71
- Einkommen: 59 / 63 / 73
- Bildung: 60 / 58 / 71

Es ist ein Risiko, Männer als Erzieher für Kinder unter 3 Jahren einzusetzen.
- Alter: 45 / 61 / 68
- Einkommen: 50 / 60 / 67
- Bildung: 53 / 54 / 66

Auch wenn man vielen Männern damit Unrecht tut, habe ich schon einmal an die Gefahr eines möglichen Missbrauchs durch männliche Erzieher gedacht.
- Alter: 27 / 37 / 39
- Einkommen: 30 / 37 / 39
- Bildung: 32 / 36 / 38

Alle Angaben in Prozent

Abbildung 3: Gründe für den Geringen Anteil an männlichen Pädagogen in Kitas

Abb. 24: Gründe für den geringen Anteil an männlichen Pädagogen in Kitas

„stimme voll und ganz zu"

■ Eltern ■ Leitungen ■ Trägerverantwortliche

Es müssen Berufsperspektiven und Aufstiegsmöglichkeiten verbessert werden. — 46 / 67 / 65

Erzieherinnen haben Vorbehalte gegenüber ihren männlichen Kollegen. — 7 / 4 / 11

Im Verhältnis zu den hohen Anforderungen im Erzieherberuf ist die soziale Anerkennung eher gering. — 44 / 61 / 54

Der Erzieherberuf ist für Männer schon allein aufgrund der Bezahlung unattraktiv. — 38 / 65 / 46

Frauen fällt es leichter als Männern, mit der geringen Bezahlung des Erzieherberufs umzugehen, da sie meistens Zuverdienerinnen sind. — 33 / 25 / 22

Für Männer ist es häufig abschreckend, der einzige Mann in einem Erzieherteam zu sein.* — 25 / 24

Alle Angaben in Prozent
* Bei Eltern nicht abgefragt

Abbildung 4: Maßnahmen für mehr männliche Erzieher in Kitas

Abb. 35: Maßnahmen für mehr männliche Erzieher in Kitas
„stimme voll und ganz zu"

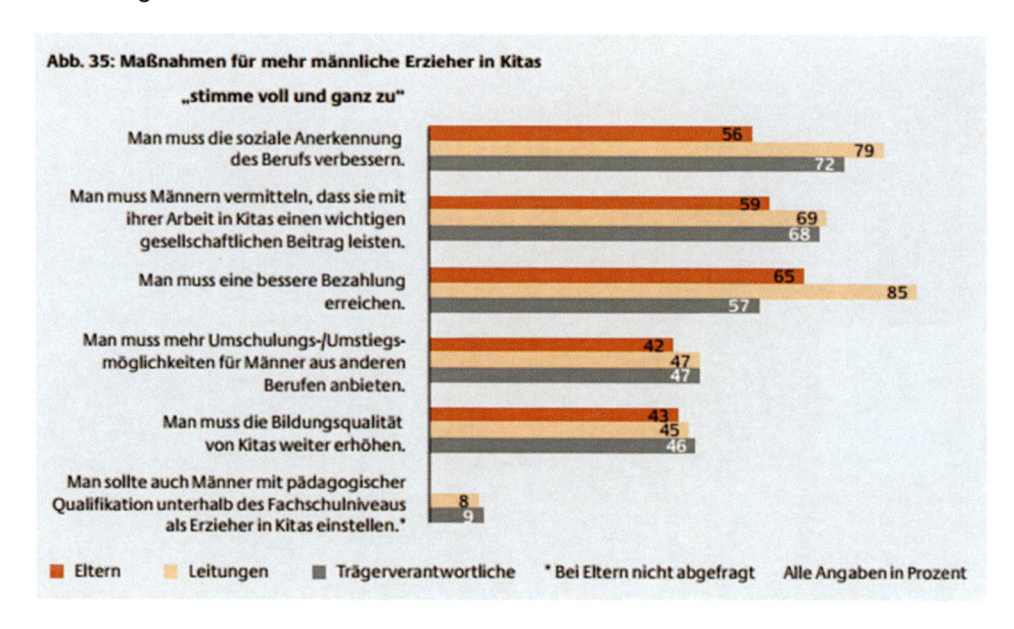

Maßnahme	Eltern	Leitungen	Trägerverantwortliche
Man muss die soziale Anerkennung des Berufs verbessern.	56	79	72
Man muss Männern vermitteln, dass sie mit ihrer Arbeit in Kitas einen wichtigen gesellschaftlichen Beitrag leisten.	59	69	68
Man muss eine bessere Bezahlung erreichen.	65	85	57
Man muss mehr Umschulungs-/Umstiegsmöglichkeiten für Männer aus anderen Berufen anbieten.	42	47	47
Man muss die Bildungsqualität von Kitas weiter erhöhen.	43	45	46
Man sollte auch Männer mit pädagogischer Qualifikation unterhalb des Fachschulniveaus als Erzieher in Kitas einstellen.*	–	8	9

* Bei Eltern nicht abgefragt   Alle Angaben in Prozent

Abbildung 5: Gründe für die Erhöhung des Anteils männlicher Erzieher

Abb. 37: Gründe für die Erhöhung des Anteils männlicher Erzieher in Kitas
„Stimme voll und ganz zu"

Grund	Eltern mit positiven Erfahrungen mit Zivildienstleistenden	Eltern gesamt
Männliche und weibliche Erzieher können in ihrer pädagogischen Arbeit gegenseitig voneinander lernen.	76	67
Männliche Erzieher sind eine Bereicherung für Kinder, da sie andere Angebote, Tätigkeiten und Ideen einbringen als Erzieherinnen.	64	53
Teams aus männlichen und weiblichen Erziehern können die Entwicklung des Kindes besser fördern als weibliche Teams.	44	38
Es ist wichtig, dass männliche Erzieher als Ansprechpartner für Väter zur Verfügung stehen.	40	31
Manche jungen- und männertypischen Interessen und Bedürfnisse kommen im Alltag von Kitas zu kurz, wenn in einer Kita nur weibliche Erzieher beschäftigt sind.	40	31
Männliche Erzieher sind wichtig, weil sie Interessen und Sichtweisen haben, die in Kitas zu wenig berücksichtigt werden.	38	30

Alle Angaben in Prozent

Ausarbeitung7 (A7): Standorte der 27 Kindergärten der Stadt Hildesheim

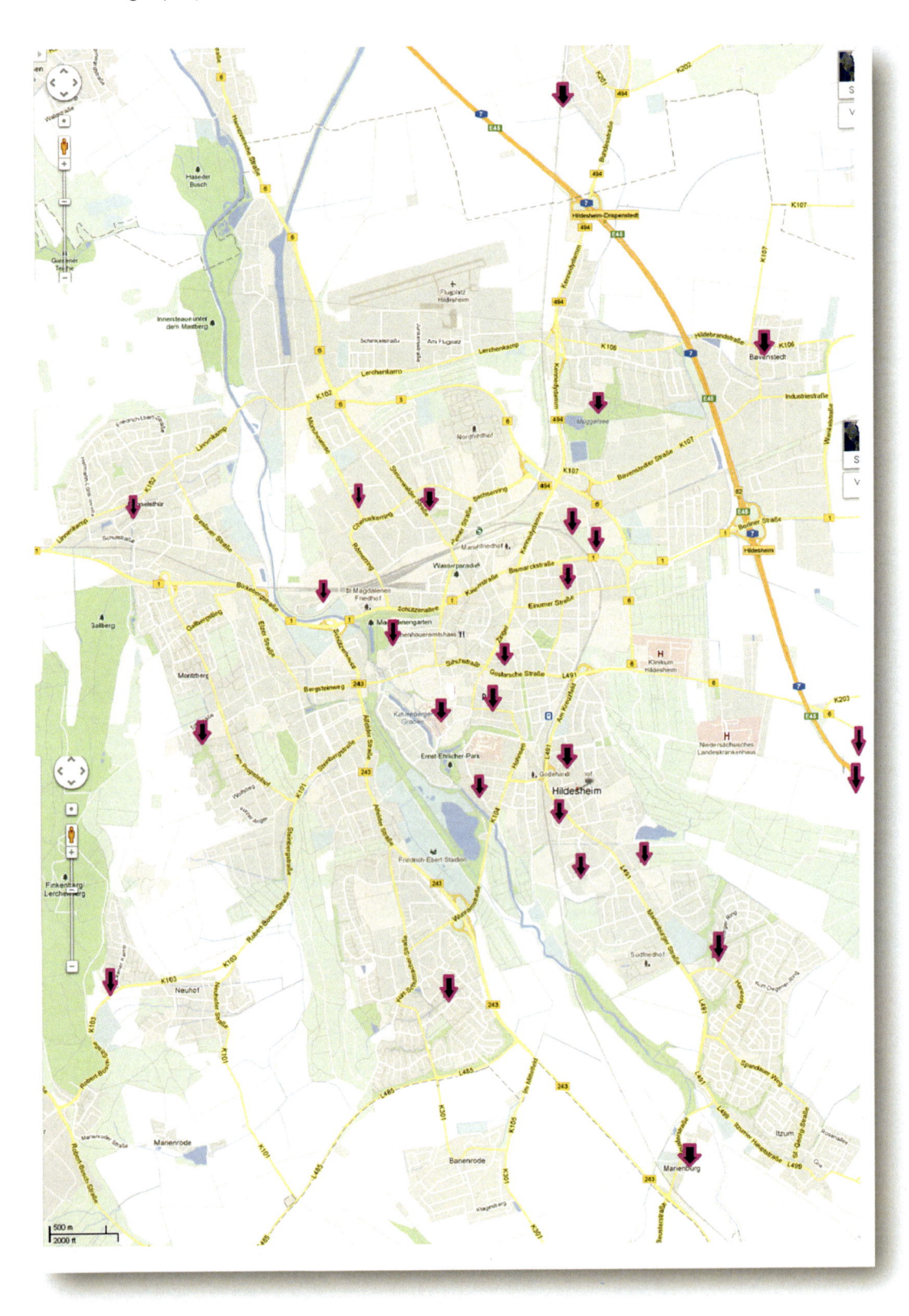

Erläuterung 1 (E1): **Abenteuer- und Erlebnispädagogik**

Die Anforderungen an die Erlebnispädagogik:

Für ein Verständnis des Begriffes „Erlebnispädagogik" in einem größeren Zusammenhang werden zunächst die Einzelbegriffe kurz erläutert .Erlebnis steht für ein individuelles Ereignis, das lange im Gedächtnis bleibt. Der Begriff Pädagogik entstammt der griechischen Sprache, er steht für Erziehung, Bildung und Sozialisation. Der zusammengesetzte Begriff bringt eine ganzheitliche Prägung des Individuums auf der Basis eigenständigen Handelns und Erlebens zum Ausdruck. Aktives und selbstregulierendes Erfahren führt zu Veränderungen im eigenen Handeln, Denken und Wollen (vgl. Heckmair, 2008, S. 54). Die Bedeutung von Abenteuer- und Erlebnispädagogik ist sehr umfassend (vgl. Lang, 2006, S.23). Der Unterschied zu anderen pädagogischen Konzepten besteht im ganzheitlichen Erlernen von lebenspraktischen Dingen mit allgegenwärtigem Bezug zur Realität (vgl. Berthold und Ziegenspeck, 2002, S. 17). Der Begründer der Erlebnispädagogik Kurt Hahn (geboren am 05.06.1886 in Berlin und gestorben am 14.12.1974 in Salem) beschreibt die Bedeutung folgendermaßen:

> „Durch das Bewältigen von körperlich anstrengenden Ereignissen sollte die eigene Kompetenz gesteigert werden, um so für den Notfall gerüstet zu sein und das Leben eigenverantwortlich steuern zu können" (Heckmair, 1998, 301).

Ein übergeordnetes Erziehungsziel in der Pädagogik des Kindergartens stellt die Schulung der Erlebnisfähigkeit dar, mit der eine Heranbildung selbstverantwortlicher, reifer Persönlichkeiten angestrebt wird. Dies ist mit der Entwicklung einer reichen und tiefen Erlebnisfähigkeit unmittelbar verknüpft. Das Erlebnis spiegelt sich in der Schulung der Sinne wider, Eigeninitiative führt zu individuellen Erfahrungen. Bei den Prozessen, die die Erlebnispädagogik bieten kann, spielt die Grundstimmung, die Freude des Kindes, eine ganz wesentliche Rolle (vgl. Becker, 2007, S. 263).

> „Diese mit der Erlebnisorientierung assoziierte positive Grundstimmung, wohl auch die semantische Nähe zum Leben und zur Lebendigkeit macht das Erlebnis zweifellos attraktiv. Allerdings bleibt meistens ungeklärt, was die Kategorie Erlebnis ausmacht und was sie im pädagogischen Kontext zu tragen vermag" (Becker, 2007, S. 263).

Die Tiefenpsychologie enthält viele Theorien über die menschlichen „Triebe, Strebungen und Leidenschaften" (Birnthaler, 2008, S. 84). Fragen nach den Gründen für einen vorhandenen Drang nach Abenteuern und waghalsigen Erlebnissen im Menschen werden aufgeworfen. Die Psychologen vermuten Ursprünge der menschlichen Triebe in ihrer evolutiven Vorgeschichte. Paläontologen und Ethnologen haben in vielen Forschungen versucht, Erklärungsansätze zu finden (vgl. Birnthaler, 2008, S.84).

Eine Frage mit der sich die Wissenschaft eingehend beschäftigt ist, ob *„Erleben erziehen kann?"* (Heckmair, Michl, Walser, 1995, S. 113). Eindrückliche Erlebnisse hinterlassen immer Spuren und soweit sich ein Bezug zur Lebensbiographie herstellen lässt, erziehen diese auch. Erlebnis ist nicht nur schmückendes Beiwerk einer eindrucksvollen Aktion oder Handlung, sondern die *„stärkste pädagogische Kraft,"* (vgl. Heckmair, Michl, Walser, 1995, S.113). Sobald man das Erleben pädagogisiert und damit zu einem steuerbaren Prozess macht, durch den gewisse Zielvorgaben anstrebt werden, geht es nicht mehr um das zufällige ungeplante und spontane Erlebnis, sondern darum Defizite zu verbessern oder Erziehungslücken geplant zu füllen. Erlebnispädagogik bietet eine alternative Möglichkeit der Erziehung, da die Gefährdungspotenziale vermeidbar und kontrollierbar sind, dadurch ergibt sich eine funktionierende Pädagogik die keine *„subversive Kraft"* aufweist (Heckmair, Michl, Walser, 1995, S.117).

Ein sehr großer Zusammenhang besteht in diesem Kontext zwischen Lernen und Bewegung, die ein Lernen mit allen Sinnen beschreiben. Schon in der Zeit der Reformpädagogik zu Beginn des 20. Jahrhunderts wurden hierzu schon Praxisvorschläge und theoretische Studien verfasst

> *„Nur derjenige, der Erfahrung gemacht hat, vermag zu lernen. Genauer: Lernen geschieht auf dem Boden der ursprünglichen sinnlich-leibllich vermittelten, noch unthematischen Vertrautheit des Menschen mit der Welt, setzt also als neue Erfahrung, Erfahrung schon voraus. Diese jeder neuen Erfahrung zugrunde liegende Verständigung, die meinem noch vortheoretischen, praktischen Umgang mit den Dingen entspricht, ist materiale Möglichkeitsbedingung jeden Lernens bzw. jeder weiteren Erfahrung"* (Koch, 2003, S. 95).

Auch die heutigen Lernbereiche und Bildungsziele des niedersächsischen Orientierungsplanes bieten den Rahmen für erlebnispädagogische Handlungsfelder. Man findet in allen Lernbereichen einen Bezug zu erlebnispädagogischen Ansätzen (Orientierungsplan Niedersachsen, Download vom 27.04.2012). Im niedersächsischen Orientierungsplan ist jedoch nicht direkt die Rede von diesen Handlungsfeldern. Eine Analyse der Bildungsinhalte und der damit verbundenen Ziele fördert allerdings nahezu alle Bereiche zutage, die erlebnisorientierten Feldern zuzuschreiben sind. Zum Beispiel wird für den Lernbereich „Natur und Lebenswelt" gleich zu Anfang das Bildungsziel, die Kinder sollen durch das Erleben von *„Selbstwirksamkeit"*, zu ihren Kompetenzen befähigt werden, formuliert. Diese Beispiele ließen sich in einer langen Liste fortsetzen. Der Rahmenplan geht damit in vollem Umfang mit den pädagogischen Ansätzen des abenteuer- und erlebnispädagogischen Kindergartens konform.

Das Arbeitsfeld in der aktuellen Diskussion

Die Handlungs- und Erlebnisfähigkeit in der Arbeit im abenteuer und erlebnispädagogischen Kindergarten, beschreibt die längerfristige aktiv handelnde Auseinandersetzung mit dem

Leben, nicht jedoch die spektakuläre und aktionsreiche Seite des schnellen Erlebnisses. Es wird nicht auf Abenteuer, Aktion, Erlebnis und Handlung verzichtet, eindeutiges Ziel ist aber die Schulung ganzheitlicher menschlicher Erlebnisfähigkeit (vgl. Bauer, 2001, S.22).

Trotz vieler wissenschaftlicher Studien im Bereich der Abenteuer- und Erlebnis-pädagogik, lässt sich keine *„wissenschaftliche Begründung der Bedeutung von Erlebnis und Abenteuer für bestimmte erzieherische Prozesse"* (Weber / Ziegenspeck, 1983, S. 259) nachweisen. Allerdings bestehen nach Kurt Hahn Zusammenhänge zwischen: *„Phantasie und Abenteuerlust, Mut zur Unabhängigkeit und Selbstvertrauen und körperlicher Leistungsfähigkeit und vitaler Gesundheit"* (Bauer, 2001, S. 71).

Diesem Bereich lassen sich Befunde zuordnen, die zum Ausdruck bringen, dass viele Menschen sich zur Befriedigung ihrer elementaren Grundbedürfnisse realitätsnaher Handlungsfelder bedienen (vgl. Bauer, 2001, S. 71). Dies geht einher mit

> *„entwicklungspsychologischen Erkenntnissen, dass ein Mangel an explorativen Tätigkeiten und erlebnishaften, abenteuerlichen Spielen bei Kindern und Jugendlichen zu Entwicklungsdefiziten und Persönlichkeitsstörungen führen können"* (Schleske, 1977, S. 96ff).

Wissenschaftlich belegt ist ein Zusammenhang zwischen Primär- und Sekundärerfahrungen. Das eigene aktive Erleben lässt sich kaum vom passiven Erleben durch bloßes Zuschauen trennen (vgl. Bauer, 2001, S. 72).

Die Kritiker dieser pädagogischen Richtung assoziieren mit dem Wort Erlebnispädagogik: allerdings *„Angst, Gefahr, Panik, Survival, physische Erschöpfung"* (Michl, 2009, S. 37) und bezeichnen dieses Gebiet als *„Tarzanpädagogik"* und *„männliche Machopädagogik"* (Michl, 2009, S. 37).

> *„Waldhütten, Verstecke, Hinterhöfe, Hecken und Höhlen wurden durch normierte Spiel- und kontrollierte Sportplätze, Kindergarten und Kinderzimmer ersetzt. Pipi Langstrumpf wäre heute beim Psychotherapeuten und würde Ritalin verordnet bekommen"* (zitiert nach Michl, 2009, S. 37).

Dabei stehen die eindeutigen Befunde klar gegen diese Kritikpunkte. Der Ansatz der Abenteuer- und Erlebnispädagogik basiert auf einem handlungsorientierten Lernen, das alle Sinne anspricht. Er stellt die „learning by Doing" (Michl, 2009, S. 31) Methode in den Mittelpunkt, nimmt die Gruppe ernst, unterstützt die Selbststeuerung, schafft Ernstsituationen, sucht nach den Stärken und Ressourcen der Lernenden, findet in offenen Situationen statt und bietet nicht immer eindeutige Lösungen an. Die Wirkungen von eindrücklichen Erlebnissen werden als „Aha-Erlebnisse" (Michl, 2009, S. 55) bezeichnet, die einen Effekt mit sich bringen, der besonders nachhaltig ist und noch lange nach Abschluss der Aktion Einfluss auf das Individuum hat. Es handelt sich im aktuellen Diskurs in der Abenteuer- und Erlebnispädagogik auch nicht nur um herausragenden Erlebnisse wie zum Beispiel Expeditionen, Kanutouren, Klettern oder Segeln, sondern es geht vielmehr auch darum, die kleinen

Aktionen, das Experimentieren mit Wasser, Feuer, Erde und Luft zu erfassen, Ausflüge durchzuführen, den Wald zu erkunden oder auch nur gemeinschaftlich ein Bild zu malen.

Erläuterung 2 (E2): **Betreuungsplätze im Elementarbereich**

„Fr 26.08.2011 **Gesetzliche Grundlagen für den Ausbau der Kinderbetreuung**

Das Kinderförderungsgesetz (KiföG) ist ein zentraler Baustein beim Ausbau der Kindertagesbetreuung. Das am 16. Dezember 2008 in Kraft getretene Gesetz soll den Ausbau eines qualitativ hochwertigen Betreuungsangebotes beschleunigen und so den Eltern echte Wahlmöglichkeiten eröffnen.

Um diese Ziele zu erreichen, ist die Finanzierung des Ausbaus mit dem Kinderbetreuungsfinanzierungsgesetz auf eine seriöse Grundlage gestellt. Von den insgesamt 12 Milliarden Euro, die für den Ausbau benötigt werden, trägt der Bund mit 4 Milliarden Euro rund ein Drittel. Davon stehen bis zum Jahr 2013 insgesamt 2,15 Milliarden Euro für Investitionsmittel bereit.

Die restlichen 1,85 Milliarden Euro des Bundes entlasten die Bundesländer bei der Finanzierung der Betriebskosten. Diese Änderung des Finanzausgleichgesetzes ist im KiföG geregelt und gilt bis 2013. Ab 2014 beteiligt sich der Bund dann dauerhaft mit jährlich 770 Millionen Euro an der Finanzierung der Betriebskosten. Im August 2007 hatten sich Bund und Länder auf die Finanzierung geeinigt.

Außerdem wird nach Abschluss der Ausbauphase ab dem 1. August 2013 der Rechtsanspruch auf einen Betreuungsplatz für alle Kinder vom vollendeten ersten bis zum vollendeten dritten Lebensjahr eingeführt. Bis zum Inkrafttreten des Rechtsanspruches legt die Bundesregierung jährlich einen Zwischenbericht zur Evaluation des Kinderförderungsgesetzes vor (KiföG-Bericht).

Investitionsprogramm Kinderbetreuungsfinanzierung

Im Rahmen des Investitionsprogramms "Kinderbetreuungsfinanzierung" gewährt der Bund in den Jahren 2008 bis 2013 Finanzhilfen in Höhe von insgesamt 2,15 Milliarden Euro für Investitionen der Länder und Gemeinden zu Tageseinrichtungen und zur Tagespflege für Kinder unter drei Jahren. Die Details der Gewährung der Finanzhilfen sind in einer Verwaltungsvereinbarung zwischen Bund und Ländern geregelt. Förderungsfähig sind Investitionen in Einrichtungen (Neu-, Aus- und Umbau oder die Umwandlung, Sanierung, Renovierung, Modernisierung und Ausstattung von Einrichtungen) sowie in der Kindertagespflege zur Schaffung und Sicherung von Betreuungsplätzen. Die Investitionsmittel des Bundes werden durch die Bundesländer bewilligt, die dafür landesspezifische Richtlinien erlassen haben."

(Bundesministerium für Familie, Senioren, Frauen und Jugend

http://www.bmfsfj.de/BMFSFJ/kin-der-und-jugend,did=118992.html (Datum des letzten Zugriffs: 27.04.2012)

Erläuterung 3 (E3): **Niedrig- und Hochseilgarten**

Bildquellen: Privat: Viktoria Wloka

„Der Seilgarten – Eine künstliche Abenteuerlandschaft
Mit der zunehmenden Verbreitung erlebnispädagogischer und erlebnistherapeutischer Programme hat – zunächst in den USA und dann in Europa – der Ropes Course oder auch Seilgarten an Bedeutung gewonnen. Es handelt sich dabei um eine künstliche Abenteuerlandschaft aus Bäumen oder Pfosten angebrachten Stahlseilen. Die Konstruktionen sind so angeordnet, dass sich daraus einzelne Stationen ergeben, an denen – individuell, zu zweit oder in der Gruppe – bestimmte Aufgaben durchgeführt werden können. Zu unterscheiden ist grundsätzlich zwischen dem Low Ropes Course oder Niedrigseilgarten, dessen Konstruktionen in nur geringer Höhe über dem Boden angebracht sind und dem High Ropes Course oder Hochseilgarten, an dem alle Aktivitäten durch ein paralleles System von Kabeln abgesichert werden. (…) die Übergänge zum Medium Initiativ- und Problemlösespiel sind hier in technischer wie auch in inhaltlicher Hinsicht fließend. (…) Insbesondere das ständige Bemühen um eine schwierige Balance, das Spüren des eigenen Körpers und das innerliche Ringen um eine Entscheidung, die praktisch mit jedem Schritt von neuem ansteht, sind fast allen Elementen auf die eine oder andere Art gemein." (Gilsdorf, 2004, S. 153 fff)

Niedrige Seilaufbauten: „Low V" (Divergierendes Seil) Bildquellen: Von Privat

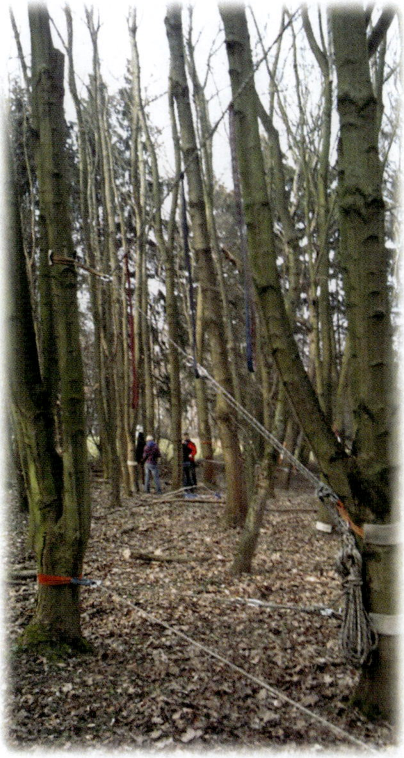

Erläuterung E5: Aktionsrat Bildung: Uniabsolventen in Kindertagesstätten

Bessere Bezahlung und qualifizierteres Personal nötig

Deutschlands Kindergärten sind im internationalen Vergleich nur Mittelmaß. Der Aktionsrat Bildung fordert besser bezahltes und höher qualifiziertes Personal.

Deutschlands Kindergärten sind nach Einschätzung des Aktionsrats Bildung pädagogisch nur Mittelmaß. Die Wissenschaftler mahnen deswegen in ihrem neuen Jahresgutachten dringend eine gemeinsame Anstrengung von Bund und Ländern an, um die Ausbildung des Personals zu verbessern - und es besser zu bezahlen als bisher. Die Forderungen des Aktionsrats decken sich mit denen des BLLV.

Bis 2020 sollte an jeder Kindertageseinrichtung mindestens eine Fachkraft mit Hochschulstudium tätig sein. "Dazu müssten die bestehenden Ausbildungskapazitäten verdoppelt bis verdreifacht werden", heißt es in dem Gutachten, das an diesem Dienstag veröffentlicht werden soll. Außerdem solle die Bezahlung studierter Frühpädagogen auf das Niveau vergleichbarer Studienabschlüsse angehoben werden.

Der gegenwärtige Ausbau der Kinderbetreuung müsste mit Maßnahmen "zur Sicherstellung und Verbesserung der Qualität" begleitet werden, verlangen die Bildungsforscher. Die pädagogische Förderqualität sei gegenwärtig "häufig nur mittelmäßig". Deswegen schlägt der Aktionsrat ein bundesweites Programm zur "Professionalisierung" des Fachpersonals vor: Familien- und Kultusministerkonferenz sollten schon in diesem und im nächsten Jahr ein gemeinsames Gesamtkonzept zur Aus-, Weiter und Fortbildung entwickeln.

Hochschulabsolventen in die Kindertagesstätten

Unter anderem soll Fort- und Weiterbildung zur Pflicht für das Personal werden. Der Aktionsrat plädiert außerdem dafür, die Hochschulstudiengänge im Bereich Frühpädagogik deutschlandweit zu vereinheitlichen. Für bereits im Beruf tätige Erzieherinnen und Erzieher sollten berufsbegleitende Studiengänge ausgebaut werden.

Die Wissenschaftler schlagen außerdem vor, schon ab dem Jahr 2017 auf die Neuanstellung niedriger qualifizierter Kinderpflegerinnen und Sozialassistentinnen in Kindergärten und Kindertagesstätten zu verzichten. An den Hochschulen müssen nach Ansicht des Aktionsrats dringend neue Professorenstellen für Frühpädagogik geschaffen werden.

Der Aktionsrat Bildung ist ein Gremium renommierter Bildungsforscher, das von der Vereinigung der bayerischen Wirtschaft (vbw) 2005 gegründet wurde. Vorsitzender ist Dieter Lenzen, Präsident der Hamburger Universität. "Wir brauchen mehr Investitionen in die frühkindliche Bildung", forderte vbw-Präsident Randolf Rodenstock.

Gebraucht werde ein "Quantensprung" in der Qualifizierung des Personals. "Die öffentlichen Ausgaben sind in den frühen Bildungsbereichen in Deutschland zu gering. So investieren z.B. England, Italien und USA bis zu 30 Prozent mehr in der Altersgruppe der Drei- bis Sechsjährigen."

Quelle:

http://www.bllv.de/BLLV-RessortSchule.6507.0.html?&cHash=4f6f3751b37564cff42d6967ad4-a726a&tx_ttne-ws%5Btt_news%5D=5016 (letzter Zugriff: 10.05.2012)

Erläuterung E6: **Bewegung und Wahrnehmung**

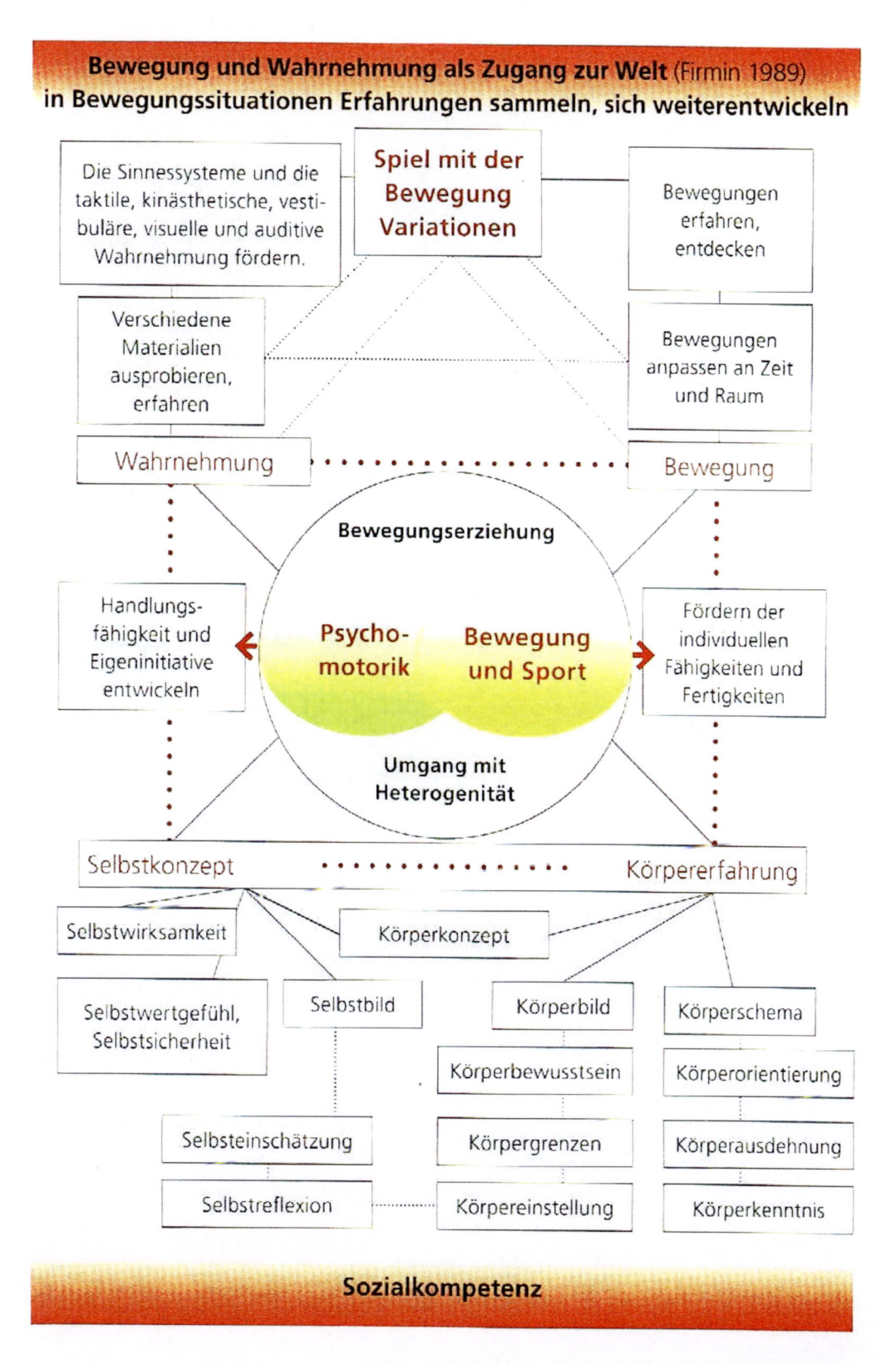

Bewegung und Wahrnehmung als Zugang zur Welt (Firmin 1989)
in Bewegungssituationen Erfahrungen sammeln, sich weiterentwickeln

- **Spiel mit der Bewegung Variationen**
- Die Sinnessysteme und die taktile, kinästhetische, vestibuläre, visuelle und auditive Wahrnehmung fördern.
- Bewegungen erfahren, entdecken
- Verschiedene Materialien ausprobieren, erfahren
- Bewegungen anpassen an Zeit und Raum

Wahrnehmung · · · · · · · · · · · **Bewegung**

Bewegungserziehung

- Handlungsfähigkeit und Eigeninitiative entwickeln
- **Psychomotorik** ← → **Bewegung und Sport**
- Fördern der individuellen Fähigkeiten und Fertigkeiten

Umgang mit Heterogenität

Selbstkonzept · · · · · · · · · · · **Körpererfahrung**

- Selbstwirksamkeit
- Körperkonzept
- Selbstwertgefühl, Selbstsicherheit
- Selbstbild
- Körperbild
- Körperschema
- Körperbewusstsein
- Körperorientierung
- Selbsteinschätzung
- Körpergrenzen
- Körperausdehnung
- Selbstreflexion
- Körpereinstellung
- Körperkenntnis

Sozialkompetenz

Graphik (G1): **Aufbau der Gruppen**

Kindergartengruppe mit jeweils 20 Kindern.
+
eine weibliche und ein männlicher BetreuerIn
Altersstufe: 5 - 6 Jahre

Kindergartengruppe mit jeweils 20 Kindern.
+
eine weibliche und ein männlicher BetreuerIn
Altersstufe: 3-4 Jahre

Graphik (G2):

Zeitlicher Ablauf der Gründungsaktivitäten – Verdeutlichung der Meilensteine in einem Schaubild

Arbeitsschritte und Vorgehen im Jahr 2012

- Studium an der HAWK Hildesheim beenden [Bachelor of Arts in *"Bildung und Erziehung im Kindesalter"*]
- Immatrikulation an der Philips-Universität Marburg für den Masterstudiengang *"Abenteuer- und Erlebnispädagogik"*
- Planung des Standortes der Einrichtung
- Investoren Akkreditierung

Arbeitsschritte und Vorgehen im Jahr 2013

- Fördermittel beantragen
- Versicherungen abschließen
- Sponsoren Findung
- Erlangung der Betriebserlaubnis

Arbeitsschritte und Vorgehen im Jahr 2014

- Immobilien Auswahl
- Anschaffung von erforderlichen Materialien und Gerätschaften
- Marketing und Werbungs Aktivitäten
- Mitarbeiterauswahl / Bewerbungsgespräche
- Aquise der Klientel